명품
불멸의
법칙

명품 불멸의 법칙

ⓒ 허두영 2018

초판 1쇄	2018년 2월 2일		
초판 2쇄	2019년 7월 29일		

지은이	허두영	펴낸이	이정원
		펴낸곳	도서출판 들녘
출판책임	박성규	등록일자	1987년 12월 12일
편집	박세중·이동하·이수연	등록번호	10-156
디자인	조미경·김정호	주소	경기도 파주시 회동길 198
마케팅	이광호	전화	031-955-7374 (대표)
경영지원	김은주·장경선		031-955-7381 (편집)
제작관리	구법모	팩스	031-955-7393
물류관리	엄철용	이메일	dulnyouk@dulnyouk.co.kr
		홈페이지	www.dulnyouk.co.kr

ISBN	979-11-5925-311-9 (03320)	CIP	2018001625

이 도서의 국립중앙도서관 출판예정도서목록(CIP)은
서지정보유통지원시스템 홈페이지(http://seoji.nl.go.kr)와
국가자료공동목록시스템(http://www.nl.go.kr/kolisnet)에서 이용하실 수 있습니다.

값은 뒤표지에 있습니다. 잘못된 책은 구입하신 곳에서 바꿔드립니다.

TECHNOLOGY DESIGN MARKETING VALUE

명품
불멸의
법칙

허두영 지음

들녘

일러두기

- 저작권자를 찾지 못하여 게재 허가를 받지 못한 이미지에 대해서는 확인되는 대로 통상 기준에 따른 허가 절차를 밟겠습니다.
- 인명, 지명의 경우 외래어 표기법에 따랐으나 상표명의 경우는 공식 명칭 그대로 표기하였습니다.

남편을 명품으로 만들기 위해
온갖 '연금술'을 시도하는 각시에게 바칩니다.

명품은 향기가 난다

명품을 명품답게 만드는 향기

....

명품은 향기가 난다. 명품의 향기는 루이비통의 고귀한 자태를 받쳐주고, 샤넬의 단아한 맵시를 꾸며준다. 바쉐론 콘스탄틴에 신뢰감을 더해주고, 뱅앤올룹슨의 청아한 음향을 풍기며, 벤츠의 질주 본능을 경험하게 한다. 명품의 향기는 어디서 나는 것일까? 첫눈에 드러나는 맵시, 볼수록 감탄스러운 디테일, 믿음직한 소재 구석구석에서 우러나는 깊은 향기 말이다. 짝퉁은 명품의 겉모습을 모방할 순 있지만, 향기까지 흉내 내지는 못한다. 향기는 생태계 피라미드에서 최고의 자리를 지키기 위해 오랜 세월 투쟁을 거쳐 획득한 유전형질에서 풍겨 나오기 때문이다.

식물의 향기도 마찬가지다. 온갖 꽃이 한꺼번에 흐드러지게 피어도 꽃마다 풍기는 향기는 제각기 다르다. 장미의 향긋한 향기는 게라니올Geraniol에서 풍겨 나오고, 라일락의 달콤한 향기는 테르피네올Terpineol에서 솟아나며, 재스민의 그윽한 향기는 벤질 아세테이트Benzyl Acetate에서 스며 나오고, 레몬의 상큼한 향기는 리모넨Limonene에서 퍼져 나온다. 이들 정유精油, Essential Oil는 새나 벌레를 유혹하여 꽃가루를 옮기거나 씨앗을 퍼뜨리고, 해로운 곰팡이나 벌레를 쫓아 스스로를 지키며, 주변에 다른 식물이 자라지 못하도록 억제하는 기능을 가진 휘발성 유기화합물이다. 인간은 그 향기를 즐길 뿐이지만, 식물에게는 번식과 방어와 영역 다툼을 위한 생화학무기이자 치열한 생존경쟁의 아우성인 셈이다. 식물은 기나긴 세대에 걸쳐 습득한 소중한 생존 비결을 DNA에 농축해 후대에 전승해온 것이다.

　무엇이 명품을 명품답게 만드는 걸까? 저마다 고유한 브랜드를 형성하는 독특한 조성Formula이 따로 있는 걸까? 어쩌면 루이비통을 루이비통답게 만드는 '루이비톨Louisvuttol', 샤넬을 샤넬스럽게 꾸미는 '샤넬렌Chanelene', 에르메스를 에르메스로 만드는 '에르메솔Hermesol' 같은 가상의 '성분'이 존재할지도 모른다.[1] 이들의 성분은 과연 무엇으로 이루어져 있으며 어떻게 생성되는 걸까? '명품의 DNA'를 분석해보면 어떤 '유전자'가 나올까?

　일반적으로 대중이 생각하는 명품의 변수는 품질Quality과 디자인Design과 가격Price이다. 각 단어의 머리글자를 사용해 함수로

---

[1]　식물의 방향 물질은 휘발성 유기화합물이기 때문에 알코올을 가리키는 접미사 'ol'이나 탄소 이중결합(C=C)을 가진 분자를 뜻하는 접미사 'ene'을 주로 붙인다.

표현하면 다음과 같다.

$$\text{Luxury Brand} = f(Q, D, P)$$

품질이 좋고 디자인이 예쁘며 가격이 비싸다고 다 명품은 아니다. 품질과 디자인은 명품의 조건으로 반드시 꼽고 싶은데, 가격은 웬지 속물스럽다. 명품을 'Luxury Brand'로 번역하는 것도 부담스럽다. '명품≠사치품'이라는 걸 증명할 새로운 방법은 없을까?

명품의 압도적인 기술

....

명품의 기준부터 바뀌어야 한다. 흔히들 꼽는 명품 브랜드의 창업자는 대부분 기술자 출신이다. 그들의 직업을 살펴보자. 루이 비통은 목수Carpenter, 가브리엘 샤넬은 재봉사Seamstress, 티에리 에르메스는 마구상Saddler이다. 루이 카르티에는 금속세공사Goldsmith고, 조반니 알레시는 땜장이Tinsmith다. 조사이어 웨지우드는 옹기장이Potter, 다니엘 스와로브스키는 유리장이Glassmaker, 살바토레 페라가모는 갓바치Shoemaker, 토머스 버버리는 포목상Draper이다. 윌리엄 할리와 아서 데이비슨은 자전거 기술자, 카를 벤츠는 자동차 기술자, 피터 뱅과 스벤트 올룹슨은 전기 기술자다. 그들은 하나같이 자신이 가진 뛰어난 실력과 기술을 토대로 창업해 최고의 제품을 만들었다.

루이비통은 트렁크의 이동성과 방수성을 개선했고, 프라다

는 싸구려 나일론으로 고급 가방을 만들었으며, 구찌는 아무짝에
도 쓸모없는 돼지가죽과 대나무를 명품 핸드백으로 바꿔놓았다.
버버리는 통기성과 방수성이 좋은 원단을 발명했고, 에르메스는
지퍼를 가죽에 처음 달았으며, 시세이도는 납중독 위험이 없는 색
조 화장품을 개발했다. 까르띠에는 백금 세팅 기술로 온갖 장신구
를 섭렵했고, 티파니는 보석학의 대가를 영입하여 최고의 보석가
공 기술을 확보했다. 페라가모는 해부학을 공부하여 350건이 넘는
구두 특허를 등록했고, 알레시는 합금 기술과 도금 기술로 금속을
자유자재로 다뤘다. 웨지우드는 불의 온도를 재는 고온 측정계를
발명했고, 바쉐론 콘스탄틴은 부품의 모양을 똑같이 만드는 팬토
그래프를 고안했으며, 스와로브스키는 유리를 절삭하고 연마하는
기계를 개발했다. 겔랑은 합성향료로 조제한 향수를 선보였고, 샤
넬은 알데히드로 만든 향수를 처음 발표했다.

　달랑 한 가지 기술로 일가—家를 이루기는 어렵다. 주변 기술
또는 관련 기술의 융합이 필요하다. 루이 비통은 목공 기술을 기반
으로 트렁크나 가방을 만드는 데 필요한 가죽(무두질, 박음질, 염색), 금
속(경첩, 자물쇠, 장식), 화학(접착, 도료, 방수, 방부) 기술을 섭렵하여 왕실
최고의 장인으로 인정받았다. 까르띠에는 녹여서 가공하는 귀금속
기술에 깎아서 가공하는 보석 기술과 구워서 가공하는 요업 기술
까지 통합하여 화려한 까르띠에 스타일을 창안해냈다. 스와로브스
키는 유리를 절삭, 가공하는 기술에서 출발하여 크리스털 유리를
직접 생산하는 것은 물론 절삭기나 공구를 제조하고 유리를 코팅
하는 기술까지 확보했다. 웨지우드는 도자기를 빚는 데 필요한 바
탕흙素地, 성형成型, 유약釉藥, 소성燒成을 진행하는 각 단계에서 최고

의 기술을 완성하고, 분업으로 원가는 낮추되 품질은 유지하는 대량생산 체제를 도입했다.

보잘것없는 집안에서 만든 제품을 상류층이 '경배'하는 명품으로 승화시킨 핵심 요인은 무엇일까? 상류층이 거금을 주고 몇 달씩 기다려서라도 갖고 싶어 안달하는 세계적인 명품 브랜드의 '최대공약수'는 과연 무엇일까? 바로 '압도적인 기술Technology'이다. 기술은 명품의 유전자를 품은 씨앗이다. 창업주들은 창업 초기에 자신의 기술, 그러니까 '씨앗 기술'로 경쟁사가 도저히 따라올 수 없을 정도의 압도적인 품질을 무기로 최고의 자리에 올랐다. 따라서 명품은 'Luxury Brand'가 아니라 'Master Brand'[2]라고 해야 한다. Master는 '경지에 오른 장인匠人'이라는 뜻이다.

명품의 혁신적인 디자인
....

기술이 최고의 경지에 이르면 '예술'이 된다. 그야말로 'Art'다. 더 이상 나아갈 수 없는 예술의 경지에 이른 기술을 바쉐론 콘스탄틴은 '메티에 다르Métier d'Art'라고 불렀다. '기술을 뛰어넘는 예술'이라는 뜻이다. 백화점이 아닌 미술관에 전시되는 명품은 예술로 인정받은 걸까? 특히 뉴욕현대미술관MoMA에 전시된 명품은 도대체 어

---

2   브랜드 확장 전략으로 여러 하위 브랜드를 거느린 상위 브랜드를 뜻하는 마스터 브랜드와는 다른 개념이다. 여기서는 최고의 장인(master)이 만든 브랜드를 의미한다.

떤 수준인 걸까? 구찌의 멋쟁이 구두 홀스빗 로퍼Horsebit Loafer, 알레시의 주전자 봄베Bombé 세트, 뱅앤올룹슨의 축음기 'BeoGram 4000'과 마이크 'BeoMic 2000' 같은 명품들이 뉴욕현대미술관의 영구 전시 목록에 올랐다.

루이비통, 샤넬, 에르메스, 구찌는 각각 마크 제이콥스Marc Jacobs, 카를 라거펠트Karl Lagerfeld, 장 폴 고티에Jean Paul Gaultier, 톰 포드Tom Ford 같은 당대 최고의 디자이너를 고용했고, 뱅앤올룹슨이나 알레시는 알레산드로 멘디니Alessandro Mendini, 야콥 옌센Jacob Jensen 같은 세계적인 거장을 찾아 디자인을 맡겼다. 명품은 '혁신적인 디자인Design'으로 존재를 드러내기 때문이다.

명품의 선도적인 마케팅

....

명품은 왕족이나 귀족은 물론 정치인이나 할리우드 스타를 통해 가치를 인정받았다. 루이비통의 트렁크는 나폴레옹 3세의 부인인 유제니 황후의 눈에 들었고, 까르띠에의 왕관은 에드워드 7세를 감탄하게 만들었다. 바쉐론 콘스탄틴은 엘리자베스 여왕의 즉위를 시계로 축하했고, 겔랑은 나폴레옹 3세와 유제니 황후의 결혼식에 향수를 바쳤다. 스와로브스키는 베르사유 궁에 샹들리에를 걸었고, 웨지우드는 샬롯 왕비의 식탁에 식기 세트를 올렸다. 벤츠는 히틀러에게 리무진에 서서 사열하는 즐거움을 주었고, 티파니는 아이젠하워 대통령이 영부인에게 선물할 목걸이의 가격을 깎아주지 않았다. 에르메스는 그레이스 켈리에게 '켈리백'을 선사했고, 구찌는 그녀를 위해 '구찌 플로라'를 만들어냈다. 페라가모는 지하철 통풍구 위에서 치맛자락을 붙잡는 마릴린 먼로의 육감적인 각선미를 부각했고, 할리데이비슨은 영화 〈터미네이터〉(1991)에서 아널드 슈워제네거가 오토바이를 타고 위풍당당하게 질주하게 만들었다. 명품은 '선도적인 마케팅Marketing'으로 존재를 확인한다.

명품의 보편적인 가치

···········

명품은 가격이 아니라 가치로 평가받는다. 루이비통은 가출로 시작된 창업 스토리를 '여행'이라는 가치로 풀어내고, 까르띠에는 창업자 가문의 러브 스토리에서 '사랑'이라는 가치를 끌어냈다. 스와로브스키는 평범한 일상을 크리스털처럼 빛나게 만들고, 웨지우드는 고운 도자기처럼 평등하게 빚어진 세상을 소망한다. 알레시는 재미있는 이야기가 담긴 식기로 가족의 가치를 확인하고, 할리데이비슨은 오토바이를 타고 '자유'를 만끽하게 해준다. 바쉐론 콘스탄틴은 정교하게 작동하는 우주의 시간을 시계에 담아내고, 뱅앤올룹슨은 '정직한' 음향을 두뇌까지 전달한다. 애플은 '맥'으로 컴퓨터의 역사를 바꾸고, '아이폰'으로 커뮤니케이션하는 방법을 혁신했다. 명품 브랜드는 가격이 비싼 제품을 파는 게 아니라 '보편적인 가치Universal Value'를 전파한다.

명품을 구성하는 네 가지 유전자

....

'명품은 기술(T), 디자인(D), 마케팅(M), 가치(V)라는 네 가지 유전자로 구성된다'는 가설 아래 루이비통부터 할리데이비슨까지 20개의 명품 브랜드를 조사한 결과 T, D, M, V의 흔적이 전반적으로 매우 뚜렷하게 관찰됐다. 이 책에서 다룬 명품 브랜드 중 티파니를 제외한 모든 창업자는 조상 또는 자신의 '압도적인 기술'을 기반으로 사업을 시작했고 줄곧 기술 혁신에 매달렸다. 사실 티파니도 기술로 창업한 것이나 마찬가지긴 하다. 창업자 찰스 티파니는 유럽의 왕정이 무너지는 것을 보고 보석 시장의 변화를 예감했다. 그는 바로 은銀 세공소를 인수해 품질이 뛰어난 스털링 실버Sterling Silver 제작 기술을 확보하고, 보석학의 대가 조지 쿤츠George Kunz를 영입하여 보석 가공 기술을 선도하면서 '다이아몬드 왕'으로 떠올랐다. 기술 이외의 영역에서는 젬병이었던 대부분의 창업자는 동료나 다음 세대 경영자의 활약으로 '선도적인 마케팅'을 펼쳐 시장을 장악했다. '선도적인 마케팅'에는 '혁신적인 디자인'이 절실했기에 그들은 스스로 또는 최고의 디자이너를 투입해 '혁신적인 디자인'을 완성해냈다. '압도적인 기술'을 꿈꾸는 기술자와, '선도적인 마케팅'을 꾸미는 마케터, '혁신적인 디자인'을 그리는 디자이너는 모두 같은 고민을 품었다. 'For What!' 우리 브랜드의 기술, 마케팅, 디자인은 과연 어떤 가치를 추구할 것인가? 탁월한 후대 경영자는 치열한 생존 투쟁으로 얼룩진 브랜드의 역사 속에서 마침내 '보편적인 가치'를 찾아냈다.

'명품의 법칙'은 다음과 같다. 명품은 창업자의 '압도적인 기술'을 '혁신적인 디자인'과 '선도적인 마케팅'으로 구현해낸 '보편적인 가치'를 담은 제품이다. 생물의 유전자가 아데닌Adenine, 티민Thymine, 구아닌Guanine, 시토신Cytisine 이 네 가지 염기로 되어 있듯, 명품도 기술(T), 디자인(D), 마케팅(M), 가치(V)라는 네 가지 유전자로 구성된다. 이를 함수로 표현하면 다음과 같다.

Master Brand $= f(T, D, M, V)$

명품의 제1법칙
명품 브랜드 혁신에 관한 법칙
....

유전자는 계속 진화한다. 명품도 마찬가지로 꾸준히 혁신한다. 제아무리 명품이라도 기술 혁신, 디자인 혁신, 마케팅 혁신, 가치 혁신을 계속하지 않으면 살아남기 어렵다. 명품은 혁신 유전자 I를 갖고 있다. I는 Innovation의 약자다. 혁신을 거듭할수록(n이 클수록) 명품의 특징이 두드러진다.

Master Brand $= f(T, D, M, V, I)$
$\qquad$ = 기술혁신 $\times$ 디자인혁신 $\times$ 마케팅혁신 $\times$
$\qquad$ 가치혁신
$\qquad$ $= (T \times I^a) \times (D \times I^b) \times (M \times I^c) \times (V \times I^d)$
$\qquad$ $= (T \times D \times M \times V) \times I^n$

$$(a, b, c, d \geq 0, \ n = a + b + c + d)$$

기술(T), 디자인(D), 마케팅(M), 가치(V)의 혁신은 서로 매우 밀접하게 연결되어 있기 때문에, 어느 한쪽에서 혁신이 일어나면 다른 쪽에서도 연쇄적으로 혁신이 일어난다. 주로 T가 연쇄 혁신의 촉발자Trigger로 작동하고, V가 연쇄 혁신의 결과물 또는 목표Target인 경우가 많다. 브랜드가 강할수록 T와 V가 두드러진다. T와 V가 약한 브랜드는 생명력이 약하다.

명품의 제2법칙
명품의 시간가치에 관한 법칙

············

명품은 시간Time의 함수다. 명품은 유형 자산으로서 감가상각의 대상이면서, 투자자산으로서 수익을 높이는 수단이기도 하다. 따라서 명품의 가치는 감가상각률과 수익률을 적용한 시간의 함수로 표현할 수 있다. 감가상각률과 수익률이 같으면 가치는 서서히 떨어진다. 세월이 흐를수록 빛이 나는 명품은 감가상각률보다 수익률이 높을 수밖에 없다.

$$f(t) = (1 - d)^t \times (1 + r)^t$$

(d: Depreciation rate, r: Rate of return)

구입한 명품의 가치는 명품 브랜드의 가치에 시간 함수를 적용한 결과로 표현할 수 있다.

$$Master\ Brand = f(T, D, M, V, I) \times f(t)$$
$$= (T \times D \times M \times V) \times I^n \times (1 - d)^t \times (1 + r)^t$$

명품의 제3법칙

명품 브랜드의 역경에 관한 법칙

…………

명품 유전자는 역경 속에서 다져진다. 기술, 디자인, 마케팅, 그리고 가치의 혁신은 역경을 딛고 탄생한다. 험난한 위기를 겪고도 훌륭하게 살아남은 유전자가 명품일 수밖에 없다.

할리데이비슨을 예로 들어보자. 오토바이의 엔진 출력을 높이려면 실린더를 늘리면 되지만, 대신 엔진이 무거워져 속도를 내기 어려워진다. 이러한 문제를 해결하기 위해 등장한 것이 실린더 두 개를 V자 모양으로 연결한 'V-Twin' 엔진이다. 기술 혁신으로 해결한 것이다. 무거운 오토바이는 비싸기도 하지만 연료도 많이 먹는다. 불필요한 부품을 뜯어내고 취향에 따라 부품을 바꿔 끼울 수 있는 '차퍼Chopper'는 할리데이비슨의 독특한 디자인 혁신을 자랑한다. 1970년대 오일쇼크로 다들 작고 가벼운 일제 오토바이를 선호할 때 할리데이비슨을 지켜준 열성 고객 집단 HOGHarley Owners Group는 고유한 공동체 문화로 마케팅 혁신을 선도했다. 1960년대 히피Hippie 세대의 부랑자 문화가 따가운 눈총을 받자 할리데이비슨은 여피Yuppie, Young Urban Professionals 세대를 위한 건전한 문화를 개발하고 그들의 오토바이를 The Great American Freedom Machine으로 승화시켰다. 'V-Twin' 엔진, '차퍼' 그리고 HOG와 'Freedom Machine'은 할리데이비슨을 구성하는 핵심 유전자가 됐다. 혁신의 유전자는 모두 역경 속에서 싹튼 것이다.

명품의 향기는 '압도적인 기술', '혁신적인 디자인', '선도적인 마케팅', '보편적인 가치'라는 네 가지 유전자로 이루어진 '화합물'이다. 이들 유전자는 서로 긴밀하게 연결되어 진화의 흐름을 주도하며 공진화共進化, Coevolution하기도 한다. 역사와 문화에 따라 브랜드마다 조성이 다르지만, 모든 명품의 향기는 이 네 가지 유전자를 기반으로 생성된다. 명품의 유전자는 호사스런 궁전에서 극비리에 전승되는 가문의 암호가 아니라, 약육강식하는 생존의 정글에서 목숨을 걸고 지켜낸 족보의 유전자다. 그렇기 때문에 명품은 쌓인 시간이 역사가 되어 향기가 짙어지는 '마법'을 펼칠 수 있는 것이다.

명품 브랜드는 네 가지 유전자가 다 강하다. 하지만 브랜드마다 가장 짙은 향기를 내는 유전자가 있다. 이를 중심으로 20개 브랜드를 기술, 디자인, 마케팅, 가치 네 가지 영역으로 나누어 설명하고자 한다.

차례

M 마케팅 Marketing
선도적인 마케팅으로 밀어라

V 가치 Value
보편적인 가치로 펼쳐라

기술

TECHNOLOGY

압도적인 기술로 벼려라

1

루이비통
LOUIS VUITTON

인생은 당신을
어디로 데려갈까요

보물 상자 뚜껑이 둥근 이유

....

보물 상자라 하면 대개 영어 'D'자를 왼쪽으로 눕힌 모양의 볼록한 궤짝을 떠올릴 것이다. 묵직한 직육면체 나무 상자를 반원통형 뚜껑이 덮고 있는 모습이다. 오아시스의 부족이 아라비아 대상隊商과 주고받은 보물, 클레오파트라 여왕이 즉위할 때 주변 부족에게 받은 예물, 스페인의 정복자 에르난 코르테스가 아스테카 왕국에서 약탈한 보물을 실은 상자도 모두 이런 모습으로 그려진다. 동방박사가 아기 예수를 경배하면서 바친 황금, 유향, 몰약이 담긴 상자와 영화 〈캐리비안의 해적〉(2003)에서 잭 스패로 선장이 훔친 보물 상자도 마찬가지다.

보물 상자는 왜 이런 모습을 갖게 되었을까? 상자의 주인인 왕족이나 귀족의 고민을 헤아려보자. 그들의 가장 큰 고민은 보물을 도둑맞는 것이다. 그래서 보물을 담는 궤짝은 웬만한 충격으로는 파손되지 않도록 튼튼하게 짜는 것도 중요했지만, 가져가기 어렵도록 묵직하게 만들어야 했다. 단단한 재목을 큰 못으로 박고 가로 세로로 부목을 덧붙인 뒤, 모서리에 쇠로 된 조각을 달아 내구성 좋게 제작했다. 빗물이 스며들어 소중한 물건에 녹이나 곰팡이가 스는 것도 큰 문제다. 이를 방지하기 위해 물방울이 흘러내리도록 뚜껑을 둥글게 만들고, 안쪽엔 양이나 돼지의 가죽을 덧댔다. 지금 우리에게 익숙한 형태의 보물 상자는 이렇게 탄생한 것이다.

황후 덕에 발견한 핵심 역량

....

프랑스 나폴레옹 3세재위: 1852~1870의 부인 유제니 황후의 짐을 꾸리던 루이 비통Louis Vuitton[3]은 보물 상자가 도통 맘에 들지 않았다. 무거워서 옮기기도 불편한 데다 뚜껑이 둥글다 보니 쌓아놓을 수도 없었다. 패션과 연회에 관심이 많은 황후의 나들이가 잦아지면서 황후의 의상과 패물을 담은 상자는 갈수록 늘어났다. 당시 파리의 패션을 주도하던 황후는 임신한 몸매를 숨기기 위해 주문했던 크리놀린Crinoline[4] 스타일의 의상을 즐겨 입었다. 또한 타조 깃털로 화려하게 장식한 '유제니 스타일 모자'를 유행시키기도 했다. 황후는 나들이 갈 때마다 매우 호화로운 행차를 주문했고, 루이는

---

3   루이 비통은 창업자의 이름, 루이비통은 브랜드 네임이다.
4   버팀살을 넣어 풍성하게 만든 치마.

루이 비통(1821~1892)

새로운 상자를 계속 개발해 황후의 까다로운 짐을 꾸리는 데 탁월한 재능을 보였다.

　루이 비통은 1821년 프랑스 동부의 산악 지대인 쥐라Jura 지방의 앙쉐Anchay 마을에서 태어났다. 그의 집안은 5대째 농사를 지으며 목공소와 방앗간을 운영했다. 열 살에 어머니가 죽고 아버지가 재혼하자, 고집 센 루이는 엄격한 계모와 지루한 시골 생활에 염증을 느끼고 열세 살에 가출하여 무작정 파리로 향했다. 빈털터리가 470km를 걸어서 파리에 도착하기까지는 2년이 넘게 걸렸다. 중간중간 지나가는 마을의 목공소나 식당, 마구간에서 일하고 끼니를 때우면서 여비를 벌어야 했기 때문이다. 이때 온갖 잡일을 하며 목재를 비롯해 가죽, 가구, 염색, 자물쇠, 양철 같은 다양한 재료

〈궁의 부인들에게 둘러싸인 유제니 황후〉, 프란츠 사버 빈터할터, 1855

나 제품을 다루는 기술을 조금씩 익힌 것으로 보인다.

　　파리에 도착한 루이는 당시 최고의 '짐짝 장인Trunk Maker'으로 꼽히는 무슈 마레샬Monsieur Marechal을 찾아가 본격적으로 일을 배우기 시작했다. 루이가 짠 궤짝은 좀처럼 깨지지 않았고, 짐도 흐트러지지 않았다. 마레샬은 듬직하고 재능 있는 루이에게 유제니 황후의 일을 맡겼다. 전담 짐꾼 루이의 재능을 일찌감치 알아본 황후는 1854년 번화가와 가까운 카퓌신 4번가4 Rue Neuve des Capucines에 포장 전문 가게를 열도록 후원하고 부유한 귀족 손님까지 알선해주었다. 루이는 "가장 아름다운 옷을 정교하게 잘 포장한다"[5]는 황후의 칭찬을 듣고 자신의 강점을 정확하게 파악했다. 그는 자신

의 이름을 내건 첫 가게에 "매우 깨지기 쉬운 물건도 안전하게 포
장해드립니다. 드레스 포장 전문."[6]이라는 간판을 걸었다. 고향에
서 파리로 올 때는 닥치는 대로 일했지만, 파리에서는 자신의 핵심
역량에 집중한 것이다.

보물 상자의 디자인 혁신

목공에 자신 있었던 루이는 새로운 보물 상자를 만들 목재로 포
플러를 택했다. 8~10년생 포플러는 가볍고 질긴 데다 물에 잘 젖
지 않아 상자 틀을 짜기에 제격이다. 조직이 치밀한 너도밤나무는
부목을 대는 데 썼다. 그는 틀을 짤 때 못 대신 리벳과 아교를 주
로 사용했다. 못은 녹이 쉽게 슬고, 목재를 갈라지게 만들기 때문
이다. 그리고 둥근 뚜껑 대신 평편한 뚜껑을 달아 상자를 높이 쌓
을 수 있도록 제작했다. 문제는 방수防水였다. 양가죽이나 돼지가
죽은 지 오래되면 퀴퀴한 냄새가 나고 곰팡이가 슨다. 루이는 당시
인상파 화가들이 튜브에서 짜낸 유화물감을 칠하던 캔버스를 떠
올렸다. 아마亞麻, Linen를 굵은 씨줄과 날줄로 오밀조밀하게 엮은 마
포麻布에 풀을 몇 차례 먹여 방수성을 높인 뒤 아교로 궤짝에 붙였
다. 이것이 1858년 등장한 루이 비통의 첫 제품 '그레이 트리아농
캔버스Gray Trianon Canvas'다. 트리아농은 유제니 황후가 즐겨 찾던 베

5   Packing the most beautiful clothes in an exquisite way.
6   Securely packs the most fragile objects. Specializing in packing fashions.

그레이 트리아농 캔버스(1858)　　　　텀블러 잠금장치

트렁크 안에 작은 칸이나 서랍을 만들어 액세서리를 따로 담을 수 있도록 제작했다.

르사유 궁전의 별궁別宮 이름이다.

　트리아농 캔버스는 가볍고 튼튼해서 운반하기 편하고, 비에
젖을 우려도 적을 뿐 아니라 좁은 공간에도 많이 실을 수 있어 파
리의 왕족과 귀족에게 큰 인기를 끌었다. 루이는 황후가 의상에 따
라 각기 다른 패물을 챙기는 데 착안하여 궤짝 안에 작은 칸을 만
들거나 서랍을 달아 부피가 작거나 파손되기 쉬운 패물을 따로 담
았다. 마지막 과제는 잠금장치다. 당시엔 도난에 대비하여 보물 상
자마다 자물쇠와 열쇠를 다르게 만들었는데, 문제는 열쇠가 서로
헷갈리기 쉽고, 자칫 잃어버리기라도 하면 큰 낭패였다. 루이는 여
행용 트렁크가 강도들의 표적이 되자 열쇠 하나로 여러 자물쇠를
열 수 있는 텀블러 잠금장치Tumbler Lock를 개발했다. 루이비통 가방
에 달린 잠금장치는 고객의 물건을 끝까지 안전하게 보호한다는
믿음을 주는 액세서리로 지금까지도 남아 있다.

마케팅 혁신으로 태어난 핸드백

············

시골뜨기가 난생처음 기차를 봤을 때 얼마나 충격이 컸을까. 루
이는 견습공으로 일하던 1837년 작업소와 가까운 생제르맹Saint-
Germain역에서 파리의 첫 기차 노선이 개통된 것을 보고, 앞으로 교
통수단이 더욱 발달하여 여행객이 부쩍 늘어날 거라 예상했다. 바
야흐로 여행의 시대가 열릴 미래를 일찌감치 내다본 것이다. 특히
1869년 지중해와 홍해를 잇는 수에즈 운하가 열리면서 세상이 전
부 한달음에 닿을 수 있을 것처럼 가깝게 다가왔다. 1873년 쥘 베

스티머 백(1901)

른이 쓴《80일간의 세계일주》를 읽어보면 당시 유럽에 불어닥친 여행에 대한 호기심을 엿볼 수 있다.

증기로 동력을 공급하기 시작하면서 세상은 새로운 동력을 기준으로 재편되기 시작했다. 마차에 싣던 묵직한 보물 상자 같은 궤짝은 기차의 좁은 공간엔 신기조차 어려웠다. 크기를 작게 줄인 옷장 모양으로, 옷을 걸어 보관할 수 있는 워드로브Wardrobe는 기차 여행을 위한 트렁크다. 루이비통은 1883년부터 파리-이스탄불을 달리기 시작한 오리엔트 특급열차의 1등 침대칸에서 가장 흔히 볼 수 있는 브랜드였다. 증기선은 빠른 속도로 범선을 밀어냈다. 1807년 미국의 로버트 풀턴Robert Fulton이 허드슨강에 처음으로 증기선을 띄운 뒤, 1838년 그레이트 웨스턴호가 대서양 항로를 개척하면서 귀족들의 증기 유람선 여행이 유행처럼 번지기 시작했다. 루이비통은 객실 침대칸 밑에 넣을 수 있는 캐빈 트렁크Cabin Trunk

와 납작하게 접을 수 있는 스티머 백Steamer Bag을 선보였다. 스티머 백은 증기선을 오래 타면 늘어나는 빨랫감을 담아 두는 가방이었다. 1912년 첫 출항한 타이타닉호에 승선했던 많은 상류층 인사들이 선호했던 트렁크다.

자동차는 빠른 속도로 기차를 따라잡았다. 1886년 독일의 카를 벤츠Karl Friedrich Benz가 내연기관 자동차를 발명하면서 철길이 없는 곳으로도 달릴 수 있는 자동차 여행이 신흥 부자들의 자랑거리가 됐다. 루이비통은 1897년 독일 베를린에서 처음 열린 모터쇼에서 자동차용 트렁크를 소개한 데 이어, 1905년 예비 타이어를 두는 자리에 딱 맞는 드라이버 백Driver Bag을 발표했다. 또한 아프리카 횡단과 종단, 아시아 횡단 같은 장거리 경주를 후원해 극한 환경에서도 탄탄한 자동차용 트렁크의 품질을 과시했다. 항공 여행에서도 빠지지 않았다. 루이비통은 열기구 여행에 대비해 물에 뜰 정도로 가벼운 에어로 트렁크Aero Trunk와 항공 여행에 적합한 각종 소프트백Soft Bag을 내놓았다. 1927년 뉴욕에서 파리까지 대서양 횡단 비행에 성공한 미국의 찰스 린드버그Charles Lindbergh는 뉴욕으로 돌아가면서 루이비통에 여행 가방 두 개를 주문하기도 했다.

교통수단이 발달하고 여성의 사회 진출이 늘어나면서 가방은 남성 위주의 트렁크 형태에서 여성 위주의 핸드백 형태로 옮아갔다. '옮기는 가방'이 아니라 '드는 가방' 시대가 열린 것이다. 루이비통이 증기선용으로 만든 캐빈 트렁크의 세컨드 백으로 1901년 스티머 백을 내놓은 데 이어 항공 여행용으로 제작한 가볍고 질긴 소프트 백이 인기를 끌면서 본격적인 핸드백의 시대가 열렸다.

'모든 걸 담는다'는 뜻을 가진 키폴 백Keepall Bag(1924), 바쁜 여성을 위한 스피디 백Speedy Bag(1930), 샴페인을 담는 노에 백Noe Bag(1932), 코코 샤넬이 주문한 알마 백Alma Bag(1934), 자물쇠를 옆에 단 락킷 백Lockit Bag(1958), 남자친구를 만날 때 드는 발랄한 파피용 백Pappillon Bag(1966), 말안장용 가방을 연상시키는 소뮈르 백Saumur Bag(1986), 업무가 많은 여성을 위한 네버풀 백Neverfull Bag(2007), 고전미를 강조한 티볼리 백Tivoli Bag(2008) 등등 루이비통의 핸드백 라인은 시대에 발맞춰 진화했다.

디자인 혁신에서 가치 혁신으로

....

유명 연예인의 패션이 대중에게 유행하는 것처럼, 당시 왕족이나 귀족의 패션도 신흥 부자들이 모방하기 시작했다. 트리아농 캔버스의 복제를 막기 위해 개발한 스트라이프(줄무늬) 캔버스나 다미에 Damier(바둑판 무늬) 캔버스까지 내놓는 족족 모조품이 판을 치자, 가업을 물려받은 루이의 아들 조르주 비통George Vuitton은 1896년 혁신적인 디자인을 선보였다. 아버지의 이름과 기하학적인 무늬를 소재로 모노그램 캔버스를 등장시킨 것이다. 모노그램Monogram이란 루이 비통의 'L'과 'V'를 겹쳐놓은 것처럼, 여러 문자를 겹쳐 한 덩어리로 보이게 만든 도안이다. 이 모노그램은 루이비통 가문의 문장紋章 같은 상징성을 만들어냈다. 조르주는 오트쿠튀르Haute Couture(고급 의상실)의 아버지로 불리는 찰스 워스Charles Worth가 자신이 만든 옷에 직접 사인하는 것을 보고, 화가가 자신의 작품에 서명하듯 캔버스에 'L. Vuitton'을 새겨 제품에 예술적인 가치를 부여했다.

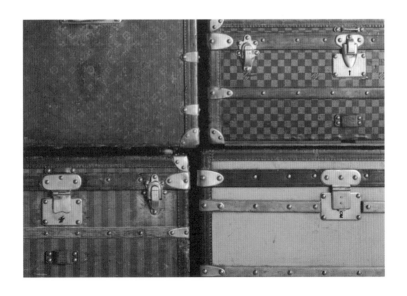

왼쪽 위부터 시계 방향으로 모노그램 캔버스(1896), 다미에 캔버스(1888), 그레이
트리아농 캔버스(1858), 스트라이프 캔버스(1872)

루이비통 모노그램

1987년 루이비통을 인수하여 LVMHLouis Vuitton Moët Hennessy
를 설립한 베르나르 아르노Bernard Arnault 회장은 모노그램 탄생 100
주년을 맞아 루이비통의 패션 사업 진출을 결심하면서 젊고 도발
적인 34세의 마크 제이콥스Marc Jacobs를 아트 디렉터로 앉혔다. 제

| 스티븐 스프라우스의 그래피티 모노그램(2001) | 쿠사마 야요이 루이비통 컬렉션(2012) |

이콥스는 루이비통의 전통적인 디자인에 팝 아트Pop Art를 입혀 팝 럭셔리Pop Luxury 시대를 열었다. 그는 무라카미 다카시村上隆와 함께 멀티컬러 모노그램을, 스티븐 스프라우스Stephen Sprouse와 함께 낙서처럼 휘갈긴 형광 그래피티Graffiti 모노그램을, 쿠사마 야요이草間彌生와 함께 물방울 모노그램을 만들어 대중에게 선사했다. 가만히 보면, 루이비통은 캔버스로 시작해 캔버스로 혁신을 이어간다. 루이 비통은 캔버스로 방수가 되는 트렁크를 개발했고, 조르주 비통은 캔버스에 모노그램을 넣어 쉽게 모방하지 못하도록 만들었으며, 제이콥스는 캔버스에 팝 아트를 그려 넣었다. 캔버스의 본래 용도가 예술을 담는 화폭畵幅이다. 루이비통의 역사는 인상파에서 시작해 팝 럭셔리까지 발전한 셈이다.

루이비통은 창업자 루이의 여행에서 출발한다. 공룡이 번성

했던 중생대 쥐라기의 흔적을 품고 있는 웅장한 쥐라 산맥에서 열세 살 소년 루이가 혼자 터벅터벅 걸어 나왔다. 파리까지 470km. 하루도 쉬지 않고 걷는다면 보름 남짓, 마차를 타면 닷새 정도 걸린다. 지금은 자동차로 네 시간이면 지날 거리를 소년은 2년 동안 방랑했다. 들에 일렁이는 꽃과 밤하늘에 피어난 별을 확인하며 걷고 또 걸었을 것이다. 꽃과 별을 소재로 한 아르 누보Art Nouveau 스타일의 모노그램은 소년 루이의 꿈을 떠올리게 한다. Paris, Paris, Paris, Paris, Paris…. 낙서로 뒤덮인 그래피티 모노그램은 소년의 열망을 드러낸다. 얼마나 파리에 가고 싶었으면…. 시골뜨기에게 파리는 방랑의 목적지이자 인생의 목표였다. 루이비통은 창업자의 여행 경험을 최고의 명품으로 승화한 브랜드다. 루이비통 가방을 들고 여기저기 바삐 이동하는 사람들에게 소년은 가만히 묻는다. "인생은 당신을 어디로 데려갈까요?"[7]

---

7   Where will life take you? 루이비통의 코어 밸류 캠페인 광고 문구.

2

메르세데스-벤츠
Mercedes-Benz

최고가 아니면 만들지 않는다

최초의 자동차 마케팅 이벤트

....

"친정에 갑니다."

　1888년 8월 5일[8] 새벽 다섯 시, 독일 남서부의 도시 만하임 Mannheim에 사는 젊은 주부 베르타 벤츠Bertha Benz는 방학을 맞은 두 아들과 함께 남편의 차를 '훔쳐' 가출하면서 짤막한 쪽지를 하나 남겼다. 부인은 차 시동 거는 소리에 남편이 깰까 봐 두 아들과 함께 차고에서 차를 밀고 한참을 나온 뒤에야 시동을 걸었다. 하지만 '세 도둑'은 막상 만하임에서 남쪽으로 떨어진 친정집 포르츠하임Pforzheim으로 가는 길을 몰라 일단 가장 가까운 도시인 바인하임Weinheim까지 가서 남쪽으로 난 큰길을 따라 무작정 차를 몰았

8　8월 12일이라는 설도 있다.

베르타 벤츠(1849~1944)　　　카를 벤츠(1844~1929)

다. 한편 밤새도록 자동차를 개량하느라 늦게 일어난 남편 카를 벤츠Karl Benz는 식탁에 놓인 쪽지를 보고 아내와 두 아들이 기차를 타고 처갓집으로 갔을 거라 생각했다. 그는 자신이 애지중지 아끼는 차를 '도둑맞은' 줄도 모른 채 아무 걱정도 하지 않았다.

　운전할 줄도, 가는 길도 모르는 세 도둑이 제대로 달려본 적도 없는 자동차를 몰고 간다는 건 엄청난 모험이었다. 아내는 남편의 차를 집 주변에서 몇 번 운전해보고, 간단한 고장을 수리해본 정도가 다였다. 하이델베르크Heidelberg를 거쳐 비스로흐Wiesloch를 지날 때쯤 연료가 다 떨어졌다. 그녀는 근처 약국에 들어가 공업용 가솔린Ligroin을 사서 채워 넣었다. 덕분에 이 약국은 세계 최초의 주유소가 됐다. 냉각수가 떨어지면 마을에서 물을 얻거나 시냇물을 길어 넣었고, 기화기氣化器. Carburetor가 막히면 모자 핀으로 뚫었다. 점화선Ignition wire이 엉키면 속옷 고정 끈Garter으로 바로잡고, 오르막길에서는 막내가 운전대를 잡고 엄마와 장남이 뒤에서 차를 힘껏 밀었다. 내리막길에서 속도를 줄이려다 나무 브레이크가 닳아 떨어지는 바람에 구둣방에서 가죽 밑창을 사서 대기도 했다. 브레이크 라이닝Brake Lining을 처음 발명한 셈이다. 그들은 만하임에서 포르츠하임까지 106km 남짓한 거리를 가는 데 무려 열두 시간이 걸렸다. 요즘 같아선 한 시간이면 충분히 가는 거리다. 저녁 무렵 땀과 기름으로 범벅된 몰골로 친정에 도착한 아내는 남편에게 무사히 도착했다는 전보를 보냈다. 신문은 전보보다 빨랐다. '세 도둑'이 타고 거리를 활보한 '괴물'은 직접 목격한 사람들의 입을 타고 이미 신문 기사까지 난 상태였다.

벤츠의 첫 '로드 쇼Road Show'는 갖가지 신기록을 낳았다. 첫 자동차 장거리 여행, 최초의 여성 운전자와 미성년 운전자, 최초의 자동차 마케팅 이벤트, 최초의 현장 자동차 정비, 최초의 도로교통법 위반 등등. 사실 카를 벤츠는 자동차를 시범 주행하다 건물 벽을 들이받아 이웃의 신고로 도로 주행을 금지 당한 적이 있었다. 어쨌든 나무 바퀴 세 개로 굴러가는 '말 없는 마차'가 왕복 194km를 무사히 달렸다는 뉴스가 꼬리에 꼬리를 물고 퍼지면서 벤츠는 바로 자동차 판매를 시작했고, 이듬해 파리 박람회에서 '파텐트 모터바겐Patent-Motorwagen No.3'를 보란 듯 출품해 본격적으로 자동차 시대를 열었다. 기술에 집착해 판매를 주저하던 남편의 우유부단한 성격으로 가산을 탕진할 위기에 몰린 아내 베르타의 과감한 '로드 쇼' 덕에 벤츠가 역사를 시작하게 된 것이다.

말 없는 마차의 꿈을 향해

....

카를 벤츠는 1844년 독일 남서부 카를스루에Karlsruhe에서 기관사의 아들로 태어나 기계를 다루는 데 재능을 보였다. 자물쇠 제작에 관심을 갖다가 대학을 졸업한 뒤 저울 제작, 교량 건설, 주철구조물 건설 관련 회사 등을 전전했다. 27세엔 기계장치를 제조하는 회사에 근무하기도 했다. 어릴 적부터 꿈꾸던 '말 없는 마차'를 만들고 싶었던 카를은 마침내 1878년 최초로 2행정 가솔린 엔진을 발명하고, 이듬해 특허를 받은 데 이어 1883년 가솔린 엔진을 생산하는 회사 '벤츠엔시에Benz&Cie'를 설립했다. 친구 둘과 함께 운영하던 자전거 정비소를 확장해 차린 것이다. 카를은 1885년 2인승 마차에 단기통 4행정 엔진을 얹은 자동차를 만들고, 다음 해에 바퀴가 세 개 달린 최초의 자동차 '파텐트 모터바겐'을 발명했다. 이 자동차는 배기량 945cc에 400rpm, 0.75마력으로 최고 시속 16km까지 달릴 수 있었다. 베르타가 몰래 끌고 나간 자동차가 파텐트 모터바겐의 세 번째 모델이다. 카를은 속도 조절장치, 점화장치, 변속장치, 클러치, 기화기, 냉각장치, 앞바퀴 회전장치처럼 자동차를 구성하는 데 필요한 특허를 선점하고, 자동차 자체 특허DRP 37435까지 받아냈다.

특허를 선점하면 상용 모델로 시장을 장악해야 한다. 벤츠는 1893년 2인승 자동차 '빅토리아Victoria'를 출시하고, 다음 해 가격을 크게 낮춘 '벨로Velo'를 선보였다. 최고 시속 20km인 벨로는 대량생산된 첫 모델로 벤츠의 성장에 크게 기여했다. 1895년에는 최초로 트럭을 출시했다. 이 트럭은 버스 회사인 넷푀너Netphener가 개

최초의 자동차 파텐트 모터바겐(1886)

카를 벤츠가 아내와 딸과 함께 빅토리아를 타고 여행 가는 모습(1894)

조해 최초의 버스로 변신하기도 했다. 벤츠는 1909년 최고 시속 227km로 십 년 넘도록 아무도 그 기록을 깨지 못한 경주용 자동차 '블리첸Blitzen'을 선보였다. 1896년 창업주인 카를은 마주 보는 두 실린더에 크랭크축을 가운데 두고 두 피스톤이 한 직선에서 움직이는 수평 엔진Flat Engine, Contra Engine을 발명하기도 했다. 수평 엔진을 발전시킨 박서 엔진Boxer Engine은 지금까지 경주용 자동차나 오토바이에 사용되고 있다. 자동차 영역에서 '최초'나 '최고' 기록을 가장 많이 보유한 벤츠는 19세기 말 가장 큰 자동차 회사로 자리매김한다.

협력으로 이룬 혁신

비슷한 시대에, 심지어 가까운 곳에 살던 최대 경쟁자끼리 서로 만나지 못했다는 건 정말 이상한 일이다. 카를 벤츠와 고틀리프 다임러Gottlieb Daimler 이야기다. 자동차 역사에서 절대 빠뜨릴 수 없는 두 거장은 십 년 터울로 태어났으며, 주요 활동 지역도 불과 130km 정도 떨어졌을 뿐이다. 1884년 다임러는 독일 남서부 슈투트가르트Stuttgart에서 엔진 디자이너 빌헬름 마이바흐Wilhelm Maybach와 함께 괘종시계를 닮은 엔진 'Grandfather Clock'을 개발하고, 다음 해 가솔린 엔진을 단 최초의 오토바이를 발명했으며, 뒤이어 4행정 가솔린 엔진을 단 최초의 4륜 자동차를 제작했다. 벤츠와 다임러는 가솔린 엔진 자동차를 거의 동시에 개발했지만, 특허를 먼저 낸 벤츠가 '최초'라는 명예를 안게 된 것이다.

| 고틀리프 다임러(1834~1900) | 다임러가 개발한 Grandfather Clock 엔진(1884) |

다임러는 1890년 다임러 자동차 회사 DMGDaimler Motoren Gesellschaft 를 세우고 자동차 생산을 시작해 1896년 화물 0.5톤을 싣고 시속 12km까지 달리는 트럭과 앞쪽에 엔진을 배치하고 앞바퀴를 여러 각도로 돌릴 수 있는 자동차 '피닉스Phoenix'를 선보였다. 피닉스에 감탄한 오스트리아 사업가 에밀 옐리네크Emil Jellinek는 DMG 기술 자들을 넉살 좋게 자극했다. "당신네 차들은 누에고치 같아. 난 나 비를 원한다니까."[9] 옐리네크가 '나비 같은' 모델 36대를 주문하며 일부 지역의 영업권과 차에 자신의 딸 이름을 붙여줄 것을 요구하 자, 1901년 디자이너 마이바흐는 가볍고 빠른 '메르세데스Mercedes'

9   Your car is a cocoon and I want the butterfly.

메르세데스(1901)   메르세데스-벤츠의 초창기 로고

를 만들어냈다. 스페인어로 '우아하다'는 뜻의 메르세데스는 최고 시
속 75km로 선풍적인 인기를 끌며 벤츠의 벨로를 앞서기 시작했다.
제1차 세계대전에서 벤츠엔시에와 DMG는 각자 독일군에 군용 차
량이나 엔진을 공급하며 경쟁했지만, 독일이 전쟁에서 패하고 경
제가 바닥을 모르게 가라앉으면서 생존을 위해 서로 협력할 수밖
에 없게 됐다. 1924년 공동 마케팅을 담당하는 '메르세데스-벤츠
AGMercedes Benz Automobil GmbH'를 설립하고 2년 뒤 각자 기존의 브랜
드를 유지하면서 설계, 제조, 구매, 판매, 광고, 영업을 통합하는 합
병을 단행했다. 최대 경쟁자가 최고의 동업자로 바뀐 것이다. 벤츠
엔시에는 벤츠라는 브랜드를 지키는 대신 로고를 양보했고, DMG
는 메르세데스를 살리고 다임러라는 이름을 내렸다. 메르세데스-
벤츠의 로고는 다임러가 만든 '세 꼭지 별Three Pointed Star'에 벤츠의
월계수 잎 로고를 테두리에 두른 형태에서 갈수록 단순해져 지금
은 세 꼭지 별과 테두리 원만 남았다. 별은 다임러가 품었던 꿈인
'땅과 하늘과 바다를 항해하는 엔진Engines for Land, Air, and Water'을 상
징한다.

빠르게 '날기' 위한 디자인 혁신

....

1929년 세계대공황은 막대한 패전 배상금을 물고 있던 독일에 치명타를 가했다. 1933년 집권한 아돌프 히틀러는 아우토반Autobahn을 건설하여 실업을 해결하고 자동차 산업을 육성해 경제를 성장시키려 했다. 자동차 경주로 독일의 자존심을 살리려고도 했다. 1930년대 메르세데스-벤츠는 세계 주요 자동차 경주에서 우승컵을 쓸어 담을 정도였다. 특히 'SSKSuper Sport Kurz, Super Sport Short'를 개량해 제작한 'SSKL'은 무게를 줄이기 위해 하얀 칠까지 벗겨 알루미늄 차체 그대로 출전해 우승하면서 '은빛 화살Silberpfeil, Silver Arrow'이라는 별명을 얻기도 했다. 1930년대 들어 영국과 미국이 '블루 버드Blue Bird'와 '썬더볼트Thunderbolt'로 시속 400km를 넘어 무려 600km 가까운 기록을 내자, 히틀러는 페르디난트 포르쉐Ferdinand Porsche에게 세상에서 가장 빠른 슈퍼카를 만들어달라고 했다. 이것이 바로 1939년 메르세데스-벤츠가 전투기 엔진을 달아 최고 시속 750km짜리로 제작한 'T 80', 곧 '슈바르츠 포겔Swartzer Vogel, Black Bird'이다. 히틀러는 특별 제작된 방탄 리무진 'Benz 770'을 타고 전국을 돌며 앞자리에 서서 사열하기를 즐겼다. 히틀러 시대에 메르세데스-벤츠는 독일군에게 트럭과 탱크는 물론 전투기와 군함에 들어가는 엔진까지 제공했다. 땅과 하늘과 바다를 항해하는 '세 꼭지 별'의 꿈을 이룬 것이다.

빠르게 달리다 보면 결국 날고 싶어지는 걸까? 1954년 메르세데스-벤츠는 양쪽 문을 열면 갈매기처럼 날아오를 듯 날렵하고 혁신적인 디자인을 자랑하는 '300SL'을 발표했다. 속도에 탐닉

T 80(1939)

한 여러 카레이서가 사고로 죽는 바람에 '과부 제조기Widow-maker'
라 불리던 경주용 자동차를 개량한 모델이다. 가볍고 튼튼한 구조
를 위해 항공기에 쓰는 '튜브 스페이스 프레임Tube Space Frame'을 사
용했고, 무게를 줄이기 위해 날개처럼 생긴 '걸 윙 도어Gull-wing Door'
를 달았다.

    메르세데스-벤츠가 자랑하는 최고급 세단은 1963년 발표한
'벤츠 600'이다. 교황 바오로 6세를 비롯해 덩샤오핑, 레오니트 브
레즈네프, 히로히토, 엘리자베스 테일러, 코코 샤넬, 마리아 칼라
스, 엘비스 프레슬리, 사담 후세인 그리고 박정희 대통령과 김일성
주석이 즐겨 타던 승용차다.

걸 윙 도어즈

벤츠 600(1963)

기술로 구현한 품격

....

빠른 속도는 안전이라는 믿음을 전제로 한다. 메르세데스-벤츠는
자동차의 구조나 재료는 물론 별도의 안전 보조 장치에도 관심을
기울였다. 비행기 조종사용 안전띠가 카레이서용으로 확대 사용되
면서 1951년 메르세데스-벤츠는 처음으로 안전띠를 일반 운전자
용으로도 사용했다. 이듬해 미국의 엔지니어 존 헤트릭John Hetrick이
에어백Air Bag을 발명하자 1980년 처음으로 안전띠와 에어백을 함께
설치한 'S Class'를 출시하기도 했다. 차는 튼튼해야 안전한 것이
아니라 적당히 잘 부서져야 안전하다. 에디슨보다 특허가 더 많다
는 엔지니어 벨라 바레니Béla Barényi가 충격을 흡수하는 크럼블 존
Crumble Zone을 고안하자 1959년 메르세데스-벤츠가 처음으로 이를
'W111'에 적용했다. 1958년부터는 출시되는 모든 차종에 충돌 테
스트를 거쳤고, 1978년엔 급제동할 때 바퀴가 잠기는 것을 방지하
는 ABSAntilock Brake System도 처음으로 달았다. 1995년 미끄러질 때
자세를 잡아주는 ESPElectronic Stability Program도 적용했고, 2002년엔
위험을 감지하면 경고와 함께 안전띠를 팽팽하게 당기고 좌석 위
치를 조정하며, 자동차가 미끄러지면 창문과 선루프를 닫는 '프리
세이프PRE-SAFE'를 개발하기도 했다.

　　기술로 구현한 고도의 안전성과 속도감에서 나오는 자신감은
어디서나 당당하다. 영화 〈쥬라기 공원〉(1993)과 〈쥬라기 월드〉(2015)
에 등장하는 자동차 'M Class'와 'G Class'는 쫓아오는 포악한 공
룡과 맞서는 용기를 보여주며, 영화 〈다이하드5〉(2013)에서는 '스프
린터Sprinter', '유니목Unimog', 'G Class' 등 무려 14종의 자동차가 나

영화 〈쥬라기 월드〉에 등장하는 벤츠(2015)

타나 추격, 충돌, 전복, 총격, 폭발 같은 극한 상황에서도 주인공
을 끝까지 안전하게 보호한다. 기술은 과연 품위까지 지켜줄 수
있을까? 영화 〈상류사회〉(1957)에서 '190SL'은 모나코 왕비 그레이
스 켈리를 태우며 '왕족'의 기품을 드러내고, 〈아라베스크〉(1966)에
서 '230SL'은 그레고리 펙과 소피아 로렌에게 호젓한 애정을 선사
한다. 〈미녀 삼총사〉(2000)에 등장한 300SL은 요염하면서도 날렵
한 자태를 뽐냈고, 〈섹스 앤 더 시티〉(2008)에서는 'GLK Class'와 'E
Class'가 뉴욕 상류층 여성들의 로맨스 판타지를 한껏 자극했다.
　　벤츠는 1886년 획득한 자동차 엔진 특허를 두고 '말을 대체
하는 장치A replacement for the horse'라고 홍보했다. 벤츠는 특허에서 앞
섰지만 경주에서는 뒤쳐졌다. 다임러는 자동차 경주에서 명성이
높았지만, 디자인으론 그리 좋은 평가를 받지 못했다. 마이바흐는
멋진 자동차를 만들었지만 앞선 특허를 따라잡긴 어려웠다. 결국

영화 〈섹스 앤 더 시티〉의 한 장면(2008)

그들은 최고가 되기 위해 뭉쳤다. 벤츠엔시에와 DMG의 합병으로 탄생한 메르세데스-벤츠는 최고의 기술과 성능, 최고의 디자인을 완성해냈다. 일찌감치 다임러는 말했다. "최고가 아니면 만들지 않는다."[10] 메르세데스-벤츠의 로고 '세 꼭지 별'은 최고를 지향하는 벤츠와 다임러와 마이바흐 세 사람을 상징하는지도 모른다.

[10] Das beste, oder nicht, 영어로 The best or nothing.

평범한 일상을 빛나게 만든다

기술의 한계에 나타난 오페라의 유령

....

1791년 영국 런던의 하노버 스퀘어에서 프란츠 하이든Franz Haydn이
신작곡 〈교향곡 96번〉을 지휘하는 도중이었다. 콘서트홀 천장 가
운데 달린 화려한 샹들리에가 갑자기 큰 소리를 내며 떨어져 산산
조각 났다. 여느 때 같았으면 여러 명이 다치거나 죽었을 텐데, 열
광한 청중이 하이든을 가까이서 보기 위해 앞으로 몰리는 바람에
아무도 다치지 않았다. 그래서 〈교향곡 96번〉은 '기적'이라는 부제
가 붙는다. 1896년 프랑스 파리의 오페라 극장에서도 비슷한 사고
가 일어났다. 오페라 〈파우스트〉 공연 도중 8톤이 넘는 거대한 샹
들리에가 떨어졌는데 13번 좌석에 앉았던 여성 한 명만 즉사했다.
이 사고를 소재로 프랑스 작가 가스통 르루Gaston Leroux가 쓴 소설
이 바로 《오페라의 유령》이다.

영화 〈오페라의 유령〉의 한 장면(2004)

영어 Candle과 어원이 같은 샹들리에Chandelier는 본디 양초를 꽂는 촛대를 말한다. '가지 많은 촛대'를 뜻하는 라틴어 Candelabrum에서 유래했다고도 한다. 샹들리에는 중세까지만 해도 기름을 담은 큰 쟁반을 천장에서 늘어뜨려 불을 밝히던 단순한 조명 기구였다. 갈릴레이가 진자振子의 법칙Law of the pendulum을 발견한 것도 피사의 성당에 달린 샹들리에 덕분이다. 17세기 후반부터는 청동 뼈대에 샹들리에를 매달고, 반짝이는 크리스털 유리로 꾸몄다. 이때부터 유럽의 왕실과 교회에서 샹들리에에 반짝이는 장식을 달기 시작했다. 건물주의 권력이나 부富를 자랑하는 화려한 공예품으로 발전한 것이다. 갈수록 호화로워지면서 무거워진 샹들리에가 천장에서 떨어지는 사고는 사치와 허영에 대한 경종으로 받아들여졌다.

공정 혁신에서 재료 혁신으로

....

유리는 가볍지만 깨지기 쉽고, 맑지만 얼룩이 있으며 두꺼워지면 투명도가 떨어진다. 유리의 주성분인 실리카SiO_2에 무기물을 넣어 강도와 투명도를 높인 것이 크리스털 유리다. 어떤 무기물을 얼마나 넣느냐에 따라 특성이 달라진다. 1450년 이탈리아의 안젤로 바로비에Angelo Barovier는 이산화망간MnO_2을 넣으면 유리가 매우 맑아진다는 것을 발견하고, 수정처럼 투명하다고 해서 이 유리에 'Cristallo'라는 이름을 붙였다. 이어 베네치아의 유리 장인들이 탄산나트륨Na_2CO_3과 탄산칼슘$CaCO_3$을 섞은 소다 석회 유리를, 베네치아에서 일을 배운 영국의 조지 레벤스크로프트George Ravenscroft가 1674년 산화납PbO을 섞은 산화납 유리를, 베네치아의 유리 장인들이 보헤미아로 건너가 탄산칼륨K₂CO₃을 넣은 칼륨 유리를 개발하면서 크리스털 유리가 널리 퍼지기 시작했다.

체코의 보헤미아 지방과 독일 작센 지방이 국경을 맞대고 있는 에르츠Erz산맥은 광물이 풍부해 붙은 이름이다. 독일어로 Erz는 광석鑛石이라는 뜻으로 영어 Ore에 해당한다. 특히 엘베Elbe강이 흐르는 지역은 거대한 사암沙巖으로 이루어져 엘베 사암Elbe Sandstone 산맥이라고도 불린다. 이곳은 약 1억 년 전인 중생대 백악기에는 바다였기 때문에 모래는 물론 석회 성분이 많고 칼륨을 비롯한 무기물이 풍부해 보헤미아 유리가 탄생한 배경이 됐다. 보헤미아 유리는 베네치아 유리보다 단단하고 투명할 뿐 아니라 반사율과 굴절이 뛰어나 눈부시게 아름다운 빛을 만들어내고, 서로 부딪힐 때 맑고 아름다운 소리를 낸다. 모양과 소리가 청아한 크리스털 와인잔으로 유명한 브랜드 모제르Moser와 리델Riedel도 보헤미아에서 탄생했다.

1862년 보헤미아에서 태어난 다니엘 스와로브스키Daniel Swarovski는 슬로바키아 출신의 아버지가 운영하는 작은 유리 공방에서 유리 세공 기술을 배웠다. 그는 21세에 오스트리아 빈에서 열린 국제 전기 박람회에 들렀다가 에디슨, 지멘스, 슈케르트 같은 당시 최고의 발명가들이 출품한 전기 장치를 보고 아이디어를 얻어 1892년 유리를 정밀하게 절삭하고 연마하는 장치를 직접 개발했다. 손으로 일일이 깎고 다듬어야 했던 작업을 전기의 힘을 빌려 깔끔하게 처리할 수 있게 된 것이다. 다니엘은 질이 좋은 재료

다니엘 스와로브스키(1862~1956)

가 풍부하고 프랑스 파리와 철도로 바로 연결되는 오스트리아 티롤 지방의 바텐스Wattens에 공장을 차리고, 1895년 처남 프란츠 바이스Franz Weis와 투자자 아르만트 코스만Armand Kosmann과 함께 자신의 이름을 딴 회사를 세웠다.

크리스털 유리를 제조하려면 전력이 많이 필요했다. 다니엘은 1907년 공장 부근에 있는 인Inn강에 수력발전소를 세우고 아예 유리 용해로를 설치해 크리스털 유리까지 자체 생산을 시도했다. 빌헬름Wilhelm, 프리드리히Friedrich, 알프레드Alfred 세 아들까지 동원해 실험에 실험을 거듭한 결과, 1913년 그는 드디어 티 없이 맑은 크리스털 유리를 생산하기 시작했다. 제1차 세계대전에서 오스트리아가 가담한 동맹국이 패하면서 일손은 물론 절삭용 부품도 구하기 어려워지자 1917년 스와로브스키는 유리 표면을 가는 숫돌바퀴와

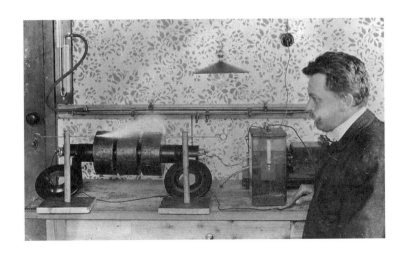

스와로브스키는 크리스탈 유리를 정밀하게 깎는 기계를 개발하고 'Diamond for Everyone'을 비전으로 하는 회사를 세웠다.

다듬는 도구Dressing Tool를 직접 개발하고, 이를 전담하는 회사인 티롤리트Tyrolit를 세웠다. 또한 도로용 반사 유리, 쌍안경용 렌즈, 조준경용 렌즈 같은 광학용 유리를 개발해 스와리플렉스Swareflex, 스와로브스키 옵틱Swarovski Optik 같은 회사를 설립하기도 했다.

유리 부스러기가 빛낸 새로운 가치

....

스와로브스키는 그가 생산한 매우 투명하고 단단한 크리스털 유리를 훨씬 맑고 영롱한 형태로 세공했다. 대개 당시 세공할 수 있는 최대치는 12면이었지만, 스와로브스키는 최대 100면까지 깎아낼 수 있었다. 여기에 특수 코팅을 입히고 윤을 내 마감하면서 스와로브스키는 다이아몬드를 가공하는 회사로 오해받기도 했다. 그는 크리스털 유리를 깎고 남은 부스러기도 그냥 버리지 않았다. 1931년 크리스털 유리 부스러기를 매우 잘게 갈아 옷감에 붙인 봉제용 트리밍Trimming을 개발했다. 이것이 지금의 소매 테두리나 레이스 가장자리에 장식용으로 붙이는 '반짝이'다. 고급 식기나 꽃병은 물론 패션용 재료로도 활용되면서 크리스털 유리는 대중의 '생활 보석'으로 인기를 끌기 시작했다.

제2차 세계대전이 끝난 1947년 프랑스의 패션 디자이너 크리스티앙 디오르Christian Dior는 그간 물자 부족으로 군복처럼 뻣뻣하고 단조로운 옷만 입던 여성에게 어깨는 둥글고 허리는 가늘며 치맛자락이 무릎 아래까지 길고 넓게 펼쳐지는 '뉴 룩New Look'을 선보였다. '뉴 룩'에 어울릴 우아한 소품을 찾던 디오르는 스와로브스키에 요청해 1956년 '오로라 보레알리스Aurora Borealis, 北極光' 기술을 함께 개발했다. 북극의 오로라처럼 신비한 색을 만드는 기술이다. 진공 증착Vacuum Evaporation[11]으로 크리스털 유리에 금속 화합물을 입혀 무지개처럼 영롱한 모조 다이아몬드Rhinestone를 만드는 것이다. 유리의 한쪽 면에 은銀이나 알루미늄 화합물을 발라 거울을 만드는 원리와 비슷하다. 스와로브스키가 만든 무지갯빛 모조 다이아몬드는 목걸이, 팔찌, 브로치, 단추 같은 장신구에 쓰여 여성들을 홀리게 만들었다. 스와로브스키는 샤넬, 발렌시아가, 랑콤과도 협력해 크리스털로 만든 패션 소품이나 화장품 용기를 선보였다.

---

[11] 진공 상태에서 금속을 녹여 증발시킨 분자를 어떤 재료의 표면에 정착시켜 얇은 막을 형성하는 기술.

스와로브스키의 인조다이아몬드   스와로브스키 크리스털로 디자인한 크
리스티앙 디오르 드레스 광고(1964)

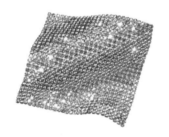

크리스털 메시   실리온

대중에게 다이아몬드를 허許하라. 1976년 모조 다이아몬드
를 넘어 진품 다이아몬드와 구분하기 어려울 정도로 휘황찬란한
인조 다이아몬드Cubic Zirconia가 등장했다. 산화지르코늄ZrO$_2$의 결정
이 입방정계立方晶系, Cubic system 구조를 갖고 있어 '큐빅Cubic'이라고
도 한다. 스와로브스키는 인조 다이아몬드를 세공하는 기술을 개

발하고 1977년부터 보석 세공 사업에 뛰어들었다. 또 모조 다이아
몬드에 접착제를 바른 뒤 뜨거운 열을 가해 옷감이나 쇠붙이에 붙
이는 핫 픽스Hot Fix, 작은 크리스털을 촘촘히 박은 크리스털 메시
Crystal Mesh, 진공 증착한 크리스털 가루를 핫 픽스로 붙인 크리스털
패브릭Crystal Fabric, 깎은 면의 크기와 배열을 조합해 최고의 광채를
뿜내는 실리온Xilion을 개발하면서 스와로브스키의 크리스털 가공
기술은 첨단으로 치달았다.

추락한 샹들리에가 촉발한 디자인 혁신

비잔틴 시대부터 조명을 넘어 장식으로 격상한 샹들리에는 크리스
털 유리로 치장하면서 빛을 통과, 반사, 굴절하는 효과로 실내 분
위기를 장악했다. 18세기 들어 유럽의 왕실에서는 보헤미아의 크
리스털 유리로 장식한 샹들리에가 선풍적인 인기를 끌었다. 루이
15세는 베르사유 궁전과 오페라하우스에 달린 샹들리에를 자랑
하고 싶어 했고, 합스부르크 왕가의 마지막 군주였던 마리아 테레
지아Maria Theresia는 비엔나 궁에 설치한 샹들리에에 자신의 이름을
붙였다. 영국의 빅토리아 여왕은 오스만 튀르크 제국이 베르사유
궁전을 본떠 지은 돌마바흐체 궁전에 4톤이 넘는 크리스털 샹들리
에를 선사하기도 했다. 모두 보헤미아 크리스털이다.

    크리스털 유리로 만든 거대한 예술품이라고 할까. 최고급 샹
들리에 시장을 차지하기 위한 경쟁이 치열해지자 스와로브스키는
1965년 샹들리에에 필요한 장식용 크리스털 유리를 제작해 1977

파리 오페라하우스 샹들리에

넌 'STRASS'라는 브랜드로 조명용 크리스털 유리를 공급했다. 18
세기엔 보헤미아에서 만든 샹들리에가 대부분의 유럽 왕실에 걸렸
다면 지금은 스와로브스키의 샹들리에가 세계시장의 80%를 차지
할 정도로 독보적이다. 미국 뉴욕의 카네기홀과 오페라하우스, 러
시아의 크렘린 궁, 사우디아라비아의 왕궁에 설치된 샹들리에도
스와로브스키의 작품이다. 영화 〈오페라의 유령〉(2004)에 등장하
는 샹들리에도 스와로브스키가 협찬한 것이다.

　　역설적이게도 스와로브스키의 획기적인 발전은 샹들리에의
추락에서 비롯됐다. 스와로브스키의 디자이너인 막스 슈레크Max
Schreck는 샹들리에에서 떨어진 크리스털 유리 조각 네 개를 이리저리 맞춰보다가 앙증맞은 쥐 모양을 만들었다. 때마침 1976년 제12회 동계 올림픽이 오스트리아 인스브루크에서 열렸다. 스와로브스키의 본사가 있는 티롤 지방의 중심 도시다. 열쇠 장식이나 문진文鎭 같은 간단한 크리스털 장식을 팔던 스와로브스키는 동계 올림픽에 맞춰 크리스털 마우스Crystal Mouse를 만들어 대박을 터뜨렸다. 바로 일 년 전 크리스털 유리를 감쪽같이 붙이는 투명 접착제를 개발해두었기에 가능한 일이었다. 스와로브스키는 크리스털 유리를 세공하는 방법에서 시작해 크리스털 유리를 붙이는 기술로 발전한 셈이다.

미국의 극작가 테네시 윌리엄스Tennessee Williams가 1945년 발표한 희곡《유리동물원》을 지으려 했던 걸까? 스와로브스키는 쥐에 이어 고슴도치, 고양이, 사자, 돌고래, 잠자리, 산양, 거북, 코알라, 기린, 백조, 앵무새, 용, 말 같은 130종이 넘는 동물을 깜찍한 크리스털 캐릭터로 등장시켰다. 산업용 재료로 공급하기 위한 크리

크리스털 마우스

다정한 모란앵무 부부

스털 유리가 아닌 대중을 대상으로 한 장식용품이다. 이들은 조명을 받으면 은색으로 빛난다고 해서 '실버 크리스털Silver Crystal'이라는 명칭이 붙었다. 특히 SCSSwarovski Collectors Society가 1987년 발표한 '다정한 모란앵무 부부Togertherness Lovebirds'는 수집가들 사이에서 큰 인기를 끌었다.

제1차 세계대전이 끝난 1918년부터 1929년 세계대공황 직전에 이르는 호황기에 프랑스는 샹송의 시대, 미국은 재즈의 시대를 구가했다. 오페라하우스를 장식하던 크리스털은 극장은 물론 극장식 식당Cabaret으로까지 확산됐다. '물랭 루즈의 여왕' 미스탕게트 같은 샹송 가수와 루이 암스트롱 같은 재즈 가수는 크리스털 의상이나 소품을 즐겨 사용했다. 크리스털 열풍은 제2차 세계대전이 끝난 뒤에도 계속됐다. 이탈리아의 소프라노 가수 마리아 칼라스는 오페라 무대에서는 물론 아예 자가용에 싣고 다닐 정도로 크리스털 의상을 좋아했다. 마릴린 먼로는 1962년 몸에 달라붙는 살구색 드레스를 입고 케네디 대통령 앞에서 'Happy Birthday Mr. President'를 불렀다. 드레스에 수놓인 2,500개의 크리스털 조각이 어지럽게 반짝이며 대통령을 정신 못 차리게 만들었을 것이다. 콜롬비아 가수 샤키라는 2006년 독일 월드컵 축하 공연에서 분홍 크리스털이 박힌 기타를 들고 나왔다. 마를레네 디트리히, 오드리 헵번, 엘비스 프레슬리, 엘튼 존, 마돈나 같은 최고의 연예인들이 즐긴 의상과 소품에 달린 크리스털은 대부분 스와로브스키가 만든 것이다.

모래의 주성분인 실리카SiO_2가 뜨거운 액체 상태에서 천천히 식어 원자들이 규칙적으로 늘어선 결정Crystal 구조를 가지면 석영

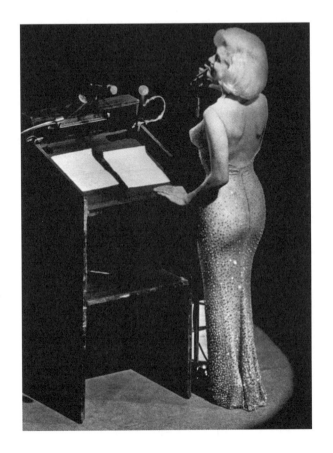

크리스털 의상을 입고 노래 부르는 마릴린 먼로(1962)

Quartz이 되지만, 빠르게 식어 결정을 이루지 못하면 유리Glass가 된다. 유리는 인간이 모래와 재를 가지고 발명한 최초의 인공 재료다. 흙빛 모래를 녹여 투명한 유리로 바꾸는 '마법'이다. 크리스털 유리는 보석이 아니다. 유리가 보석일 수 없듯이 대중은 스타가 아니다. 스타처럼 살고 싶은 대중의 생활에 '마법'을 거는 것 역시 보석이 아닌 크리스털 유리일지 모른다. 이것이 바로 "평범한 일상을 빛나게 만든다"[12]는 스와로브스키의 슬로건이 부리는 마법일까?

12   We add sparkle to people's everyday lives.

4

살바토레 페라가모
Salvatore Ferragamo

모든 여자는
공주처럼 신을 수 있다

신분을 드러내는 신발

....

카트린 드 메디시스Catherine de Médicis 왕후는 키가 작았다. 1553년
프랑스의 앙리 2세재위: 1457~1559와 결혼할 때 그녀는 키가 커 보이
도록 친정인 이탈리아에서 가져온 초핀Chopine을 신었다. 두껍고 높
은 코르크나무 굽에 얹은 신을 가죽끈으로 발에 묶는 하이힐의
원조다. 터키에서 유래한 초핀은 이탈리아에서 굽 가운데를 파고
뒤꿈치를 높이는 형태로 발전한 뒤, 카트린 왕후를 통해 프랑스에
서 유럽 전역으로 퍼졌다. 중세 프랑스에 새로운 문물을 선보인 것
이다. 키가 160cm 정도로 작았던 프랑스의 루이 14세가 굽이 13cm
나 되는 높은 구두를 챙겨 신고, 루이 15세의 애첩이자 패션 리더
였던 퐁파두르 부인이 날씬한 모양의 '루이 힐Louis Heel'을 유행시
키면서 굽이 높은 구두는 상류층의 상징으로 떠올랐다. 사실 당시

초핀

파리에서는 화장실이 따로 없어 똥오줌을 길에 마구 버렸기 때문에 거리를 다니려면 굽이 높은 신발을 신을 수밖에 없었다.

당시 프랑스의 농민들은 '사보Sabot'라는 신발을 주로 신었다. 버드나무나 너도밤나무 토막을 말린 뒤 발 크기에 맞춰 속을 파내 만든 일종의 나막신이다. 땅을 가진 영주가 부당한 소작료를 요구하면 농민들은 사보를 신고 영주 몰래 작물을 슬쩍슬쩍 짓밟았다. 일종의 태업이다. 산업혁명 시대에는 부당 해고에 맞서기 위해 몰래 톱니바퀴 속에 사보를 던져 넣어 기계를 망가뜨리기도 했다. 사보는 일부러 작업 능률을 떨어뜨리는 노동쟁의 행위를 뜻하는 '사보타주Sabotage'의 어원이 됐다. 독일에서는 끈이 달린 사각형 가죽 조각으로 발을 감싸 묶는 '분트슈Bundschuh'를 신었다. 16세기에 독일 농민들이 깃발에 분트슈를 그려 넣고 반란을 일으키자 분트슈는 농민 반란의 표지로 떠올랐다. 사보나 분트슈 같은 농민의 신발

사보   분트슈

이 농민운동이나 노동운동의 상징으로 떠오른 것이다. 신발이 신분을 드러냈기 때문이다.

스타를 위한 구두장이

그리스의 철학자 플루타르코스는 "맨발은 비천한 노예의 표시"라고 했다. 초핀은 왕족이나 귀족이 신는 신발이었고, 사보와 분트슈는 시골에 사는 농민이 신는 신이었다. 가난한 집안의 여성이나 아이들은 19세기까지도 제대로 된 신발을 신어보지 못했다. 살바토레 페라가모Salvatore Ferragamo는 1898년 이탈리아 나폴리 부근의 보니토라는 외딴 마을에서 가난한 농부의 14남매 중 열한 번째로 태어났다. 집이 워낙 궁핍해 그의 두 누이는 성사를 받으러 성당에 갈 때 신을 신발이 없어 맨발로 가야 할 판이었다. 살바토레는 밤새 손수 만든 하얀 구두 두 켤레를 내밀어 두 누이가 기쁨에 겨워

살바토레 페라가모(1898~1960)

팔짝팔짝 뛰게 만들었다. 동네 구둣방을 놀이터 삼아 놀다가 구두 만드는 법을 곁눈질로 배워버린 것이다. 아홉 살에 자신의 재능을 확인한 그는 아버지가 돌아가시자 나폴리에 가서 구두 수선을 배웠고, 열세 살에 고향으로 돌아와 집 한쪽 구석에 여성용 맞춤 구두 가게를 열었다. 또래 두 명을 조수로 고용했고, 일요일에 성당 앞에서 영업을 시작했다.

　　동생의 재능을 알아본 다섯째 형의 권유로 살바토레는 1914년 형을 따라 미국 보스턴에 있는 구두 공장에 들어가 카우보이 부츠를 만들었다. 기계가 신발을 대량생산하는 공장이 도무지 마음에 들지 않았던 그는 오히려 형을 설득해 1919년 캘리포니아의 산타바바라로 갔다. 그곳에서 아메리칸 필름 컴퍼니American Film

Company의 스튜디오 부근에 자리를 잡고 배우가 신거나 소품으로 쓰일 구두를 만들고 수선하는 일을 맡았다. 살바토레는 1923년 아메리칸 필름 컴퍼니를 따라 가게를 할리우드로 옮겨 영화 소품으로 사용할 특별한 구두를 맞춤 제작하기 시작했다. 제화 회사가 아니라 할리우드가 그의 꿈을 열어준 것이다.

발을 '치료'하는 구두

············

살바토레는 뛰어난 재능 덕에 금방 '스타를 위한 구두장이shoe-maker to the Stars'로 인정받았지만, 가끔 구두가 고객의 발에 상처를 남기는 게 영 못마땅했다. 당시엔 구두가 귀했기 때문에 아무리 발에 맞춰 구두를 짓더라도 결국 구두에 발을 맞추는 게 당연할 정도였다. 발이 아프거나 상처가 나면 애초에 발 모양이 나쁜 탓이라 여겼다. 살바토레는 당연히 구두가 발에 맞아야 한다고 생각했다. 크기와 모양이 제각기 다른 고객의 발을 정확하게 측정할 방법이 필요했다. 그래야 꼭 맞는 신을 만들 수 있기 때문이다. 그는 캘리포니아 대학UCLA 야간 학과에 들어가 해부학을 공부하며 발의 구조와 형태는 물론 평발, 발톱, 굳은살, 티눈까지 연구했다.

사람이 똑바로 서면 무게중심이 양발의 장심掌心에서 땅과 수직으로 연결된다. 장심은 발바닥 한가운데 옴폭한 부분Arch을 말한다. 어른 기준으로 평균 3~5cm밖에 되지 않는 부위가 몸무게를 지탱하는 것이다. 건축물에서 둥그스름한 아치가 수직 방향의 힘에 잘 견디는 것과 같은 원리다. 구두를 만들 때 다른 제화공들은 발

살바토레는 구두를 만들 때 몸무게가 누르는 힘을 받는 장심을 고려했다.

의 길이, 너비, 높이를 재고, 장심은 빈 공간 그대로 내버려뒀다. 살바토레는 구두를 오래 신으면 장심이 내려앉아 발에 상처가 나고 발가락뼈와 발바닥은 물론 발목뼈와 무릎에도 충격을 준다는 걸 발견했다. 구두를 신은 발이 새장 속의 새처럼 갇혀 옴짝달싹하지 못하는 것이다. 그는 신발 바닥이 옴폭한 장심을 받치게 하여 발바닥과 뒤꿈치가 몸무게의 압력을 덜 받게 했다. 바닥이 장심을 받쳐주자 발가락이 편해지고 신과 발 사이의 마찰이 줄었으며, 걸을 때 발이 앞으로 밀리지 않았다.

　살바토레는 구두의 구조를 바꾸면서 디자인도 혁신하기 시작했다. 1920년대 중반, 그는 당시 유행하던 여성용 구두의 뾰족한 앞부분을 잘라 뭉뚝하게 만들고 뒤꿈치를 높이 들어 올린 '프렌

페라가모의 프렌치 토를 신은 메리 픽포드

로만 샌들(1938)

치 토French Toe'를 고안했다. 발이 작고 날씬해 보이면서도 발가락이 편한 게 특징이다. 무성영화 최고의 여신으로, 작고 예쁜 발을 가진 메리 픽포드가 프렌치 토를 유행시켰다. 또한 살바토레는 여배우들에게 영화에서 로마의 노예에게 신겼던 예쁜 '로만 샌들Roman Sandal'을 권해보았지만, 보수적인 여배우들은 발이 훤히 보이는 샌들을 한사코 거절했다. 맨발을 드러내본 적이 없기 때문이다. 때마침 인도에서 온 가야트리 데비 공주가 로만 샌들을 주문해 색깔별로 신고 다니면서 샌들 바람이 불었다. 날씨가 더운 인도에서 공주가 발을 드러내는 건 전혀 어색한 일이 아니었기 때문이다.

제2차 세계대전이 일어나자 구두 가죽을 만들던 고급 스웨이드suede를 구하기 어려워졌다. 스웨이드는 송아지나 새끼 양의 가죽을 부드럽게 보푼 사치품이다. 살바토레는 어머니에게 선물했던 초콜릿 상자의 포장지에서 대체품을 발견했다. 스위스의 자크 브란덴베르거Jacques Brandenberger는 1908년 액체 상태의 섬유소Cellulose를 황산 용액으로 응고시킨 재생 섬유소를 얇고 투명한 필름으로 만들어냈다. 셀로판Cellophane이다. 물도 공기도 새지 않는 셀로판은 투명하고 광택도 좋아 장식용 포장지로 쓰였다. 살바토레는 스웨이드 대신 색색의 셀로판으로 구두를 예쁘게 꾸몄다.

장심을 받치는 구두의 허리쇠를 제작하는 데도 문제가 생겼다. 품질 좋은 강철은 모두 군수물자로 징발됐기 때문에 허리쇠를 만들 수가 없었다. 대체할 소재를 찾던 살바토레는 토스카나 와인에서 해법을 찾았다. 코르크 마개다. 구두 앞바닥과 뒷굽 사이의 빈 공간에 두툼한 삼각형 모양의 코르크 굽을 달았다. 셀로판과 코르크로 만들어낸 구두가 바로 '웨지 힐Wedge Heel'이다. 투명

웨지 힐

한 셀로판은 햇빛에 반짝여 새로운 색감을 자랑했고, 두툼한 코르크 굽은 쿠션 위를 걷는 것처럼 가볍고 편안한 느낌을 주었다. 1937년 패션 분야에서는 처음으로 특허를 받은 웨지 힐은 페라가모에게 최고의 찬사와 인기를 가져다줬다.

신데렐라의 유리 구두

············

셀로판에 이어 또 다른 신소재가 살바토레에게 베스트셀러를 선사했다. 미국의 화학 회사 듀폰Du Pont은 1938년 폴리아미드 Polyamide로 만든 최초의 합성섬유 나일론Nylon을 발명했다. 가늘면서도 질긴 나일론은 제2차 세계대전 때 낙하산의 재료로, 전쟁이 끝나자 스타킹의 소재로 폭발적인 인기를 누리던 신소재다. '새로운 투명 낚싯줄'로 월척을 낚았다는 직원의 무용담을 들은 살바토레는 1947년 패션을 좋아하는 여성들의 넋을 송두리째 빼앗을 만큼 매혹적인 구두, '인비저블 슈즈Invisible Shoes'를 만들었다. 발등과 발목에 신발을 거는 부위를 투명한 낚싯줄로 엮어 눈에 잘 띄지 않도록 만들었다. 마치 신데렐라의 유리 구두처럼 예쁜 발을 맘

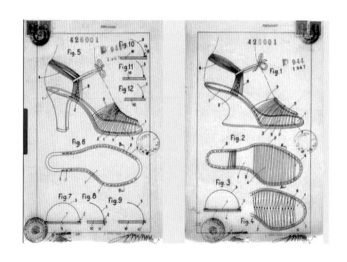

인비저블 슈즈 도안

껏 뽐낼 수 있는 산뜻하고 날씬한 이 구두는 금방 사교계의 여심
을 사로잡았다. 나일론으로 만든 낚싯줄이 어마어마한 '월척'을 낚
아준 것이다.

살바토레는 셀로판이나 나일론 같은 신소재 외에도 야자,
짚, 삼베, 나무껍질, 생선껍질 같은 자연 재료를 채택하고, 예술이
나 문화에서 영감을 얻어 구두에 구현했다. 작은 천 조각을 이어
붙인 구두 패치워크 슈즈Patchwork Shoes(1930), 버선처럼 코를 든 구
두 오리엔탈 뮬Oriental Mule(1936), 페라가모의 로고 'F'자를 닮은 구
두 F-heel(1944), 속에 덧신을 넣은 샌들 키모Kimo(1951), 야구 글러브
처럼 가죽으로 감싸 꿰매는 기법인 글로브드 아치Gloved Arch(1952),
바닥에 금속을 댄 스틸레토Stiletto(1955), 발을 감싸는 조개껍데기처
럼 생긴 밑창 쉘 솔Shell Sole(1960), 밑창과 깔창 사이에 쇠가죽을 넣

은 트라메자Tramezza…. 살바토레가 40년 남짓한 기간 동안 개발한 구두 모델은 2만 개, 등록한 특허는 350건이 넘는다. 맏딸 피아마 Fiamma는 가로무늬 그로그랭Grosgrain 리본을 단 구두 바라Vara(1978) 와 말발굽 모양의 장식인 간치니Gancini을 개발해 페라가모의 명성 을 이어갔다.

발끝에서 머리까지 가치 혁신

············

할리우드에서 영화 소품으로 필요한 구두를 맞춤 제작하면서 살바 토레는 세계의 역사와 문화에 관한 식견을 크게 넓힐 수 있었다. 세 실 드밀 감독의 영화 〈십계〉(1923)를 시작으로 〈바그다드의 도둑〉(1924) 과 〈왕 중 왕〉(1927)에서 그는 고대 히브리, 이집트, 바빌론의 역사 와 문화에 대한 고증과 상상을 거쳐 주연과 조연이 신을 수많은 신 발을 창안해냈다. 또한 영화 〈포장마차〉(1923)에서 선보인 카우보이 부츠가 인기를 끌자 같은 디자인의 부츠를 판매하는 가게를 열기 도 했다. 살바토레는 폭스, 유니버셜, 워너브라더스, MGM 같은 영

영화 〈십계〉에 등장하는 신발 소품
(1923)

화사에서 의상 디자이너와 협력해 세계적인 명화를 만드는 데 크게 기여했다.

그에 대한 보답일 것이다. 명화는 페라가모의 구두가 명품 대접을 받게 해주었다. 살바토레는 영화 〈오즈의 마법사〉(1939)에서 도로시 역을 맡은 주디 갈런드에게 '레인보우 웨지힐Rainbow Wedge Heel'을 선사했다. 영화에서 주디가 부른 주제가 〈Over the Rainbow〉는 이에 대한 답가였을까? 살바토레는 오드리 헵번이 영화 〈로마의 휴일〉(1953)을 찍기 위해 이탈리아를 방문했을 때 굽이 낮고 단아한 발레리나 슈즈를 만들어 주었다. '오드리 슈즈Audrey Shoes'다. 오드리는 이 신을 신고 영화 〈사브리나〉(1954)와 〈파리의 연인〉(1957)에서 멋진 춤을 선보였다. 마릴린 먼로가 〈7년만의 외출〉(1955)에서 지하철 통풍구를 지나다 날아오르는 하얀 치맛자락을 거머쥐는 모습은 영화사에 남는 명장면이다. 이때 육감적인 각선미를 부각시켜준 굽 높이 11cm에 달하는 구두가 바로 '스틸레토'다. 마릴린은 매번 스틸레토를 주문해 신고 다녔고, 60켤레가 넘는 스틸레토를 남겼다.

그레타 가르보는 살바토레가 단연 최고로 꼽는 여배우다. 그는 발이 아파 걷기 힘들어 하는 그녀를 위해 구두코에 보조개가 살짝 들어간 귀족적인 스타일의 구두를 디자인했다. '그레타 슈즈Greta Shoes'다. 비비안 리, 소피아 로렌, 잉그리드 버그만, 마를렌 디트리히, 리타 헤이워드, 조안 크로포드, 니콜 키드만 같은 최고의 여배우는 물론 영국의 윈저 공작부인, 이탈리아의 엘레나 왕비, 아르헨티나의 영부인 에바 페론도 페라가모를 신었다. 영화 〈에비타〉(1996)에서 주인공 에바 페론 역을 맡은 마돈나가 신은 구두도 페라

영화 〈파리의 연인〉에서 오드리 슈즈를 신고 춤을 추는 오드리 헵번(1957)

영화 〈7년만의 외출〉에서 스틸레토를 신고 등장한 마릴린 먼로(1955)

가모가 만든 것이다.

페라가모는 '발에 맞는 구두'가 아니라 '고객에게 맞는 구두'를 만든다. 구두를 맞출 고객이 신고 온 구두를 살펴 고객의 성격과 취향을 파악한 뒤, 고객에게 어울리는 패션을 고려해 가장 적합한 구두를 제안한다. '머리부터 발끝까지'가 아니라 '발끝부터 머리까지'다. 구두가 발을 편안하게 해주면 발이 자유로워 아픈 발이 저절로 낫고, 발 때문에 생긴 질병까지 낫는다는 거다. 고객이 구두를 맞추러 오면 페라가모는 '발을 치료하는 구두The Healing Shoes'를 '처방'한다. 몸에 편안한 구두는 마음의 평화를 가져온다. 살바토레는 말했다. "모든 여자는 공주처럼 신을 수 있고, 공주는 요정처럼 신을 수 있다."[13]

---

13 Every woman may be shod like a princess and a princess may be shod like a fairy queen.

5

BMW
Bayerische Motoren Werke AG

견줄 수 없는
드라이빙의 즐거움

승부를 가르는 기술 혁신

....

제1차 세계대전 당시 항공전은 누가 더 높이 날 수 있느냐에 따라 승패가 갈렸다. 아무리 날쌘 전투기라도 위에서 쏟아붓는 공격에는 당해낼 재간이 없었다. 비행 고도가 높아지면 대기가 희박해져 출력을 내기 어렵다. 당시에는 고도가 3,000m에 이르면 출력이 갑자기 떨어지는 실속失速 현상이 자주 발생했다. 1917년 독일의 자동차 회사 RMWRapp Motoren Werke의 공장을 방문한 독일 국방군 장교는 개발 중인 엔진에 대한 설명을 듣고 그 자리에서 바로 전투기 600대를 주문했다. 전쟁이 막바지로 치닫는 상황에서 하늘을 장악하려면 고도 3,000m 이상 날 수 있는 전투기가 시급했기 때문이다.

독일의 자동차 제조업체인 다임러Daimler에 근무하던 막스 프

막스 프리츠(1883~1966)

리츠Max Friz는 회사 창업자인 고틀리프 다임러의 아들 파울Paul과 엔진 개발 방향이 달라 불만이 많은 상태였다. 프리츠는 엔진의 성능을 높이기 위해 흡입한 공기를 세게 압축하는 하이 컴프레션High Compression 방식을, 파울은 반대로 압력을 높인 공기를 흡입하는 슈퍼차저Superchager 방식을 추구했다. 결국 프리츠는 회사를 RMW로 옮기고, RMW의 수랭식水冷式 직렬 6기통 엔진Type Ⅲ의 기화기에 나비 모양의 스로틀 밸브Throttle Butterfly를 달아 고도 3,000m가 넘는 고공에서도 너끈히 작동하는 엔진Type Ⅲa을 발명했다. 이 엔진은 당시 군용기를 생산하던 회사인 포커Fokker와 융커스Junkers의 전투기에 사용됐다.

신형 전투기는 잽싸게 높이 상승해 적기를 내려다보며 총탄을 쏟아부었다. 실제로 독일 공군은 1918년 6월 한 달 동안만 해도 연합군의 전투기를 487대나 격추했다. 독일 공군이 격추당한 전투기는 150대뿐이다. 제1차 세계대전에서 적기를 80대나 격추시킨 전투기 조종사 '붉은 남작Red Baron' 만프레드 폰 리히토펜Manfred von Richtofen은 이를 두고 무척 아쉬워했다. "전쟁이 끝나가는 시점에 이 엔진이 압도적인 위력을 드러낸 것은 분명하다. 단 하나 문제가 있다면 너무 늦게 나왔다는 것이다."

융합으로 다진 혁신 유전자

BMW의 혈통은 조금 복잡하다. 1916년 오스트리아 출신 엔지니어 프란츠 포프Franz Popp는 신형 항공 엔진을 개발한 막스 프리츠를 설득해 함께 RMW를 인수하고 이듬해 회사 이름을 바이에리셰 모토렌 베르케BMW, Bayerische Motoren Werke로 바꿨다. '바이에른 자동차 회사'라는 뜻이다. 포프는 신형 엔진을 독일 공군에 대량 납품하는 계약을 성사시킨 주인공이기도 하다. 그는 1922년 파산에 이른 바이에리셰 플루크조이그 베르케BFW, Bayerische Flugzeug Werke도 합병했다. BFW는 1916년 독일의 엔지니어 구스타프 오토Gustav Otto의 오토 제작소Otto Werke를 합병한 항공기 엔진 회사다. 구스타프는 증기기관을 대체한 4행정 내연기관을 처음 설계한 니콜라우스 오토Nikolaus Otto의 아들이다. 따라서 계보를 거슬러 올라가다 보면 내연기관의 유서 깊은 DNA가 BMW에 숨어 있는 셈이다.

패전의 결과는 처참했다. 독일이 주도한 동맹국이 항복하면

프란츠 요세프 포프
(1886~1954)

구스타프 오토와 항공기 엔진(1909)

서 베르사유 조약에 따라 항공기 엔진을 포함한 무기를 일체 생산할 수 없게 됐다. 하늘을 날던 BMW의 날개가 꺾여버렸다. 어쩔 수 없이 오토바이로 눈을 돌린 BMW는 1923년 마치 권투 선수들이 서로 주먹을 교환하듯 피스톤을 움직이는 박서 엔진을 장착한 오토바이 R32를 내놓았다. 이 역시 막스 프리츠의 작품이다. 항공기 엔진 기술을 기반으로 한 BMW의 오토바이 모토라드Motorrad 는 제2차 세계대전에서 연합군의 오토바이 할리데이비슨과 자존심 경쟁을 벌이기도 했다. 오토바이로 기사회생한 BMW는 1928년 다임러, 벤츠에 이어 세 손가락 안에 드는 독일의 자동차 회사인 아우토모빌 베르크 아이제나흐AWE, Automobil Werk Eisenach[14]를 인수했다. BMW의 자동차 유전자는 AWE에서 출발한 셈이다. AWE는 영국의 대량생산형 소형자동차인 오스틴 세븐Austin 7을 1903년부터 딕시Dixi라는 브랜드로 생산하고 있었다. Dixi는 라틴어로 '난 말했

14　파르주아이크 파브릭 아이제나흐(FFE, Fahrzeug Fabrik Eisenach)와 같은 회사.

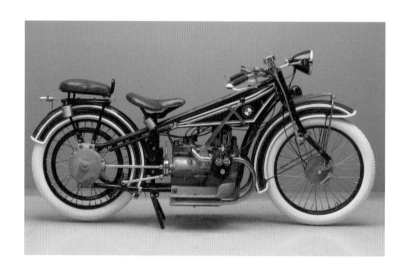

박서 엔진을 단 오토바이 R32(1923)

BMW Dixi 3/15(1929)

어'라는 뜻이다. 이 자동차의 라이센스를 사들인 BMW는 이듬해 BMW라는 브랜드를 단 첫 번째 자동차인 Dixi 3/15를 출시했고, 후속 모델인 Dixi DA4까지 선보였다. 3/15는 3단 변속으로 15마력까지 낼 수 있다는 뜻이다.

전투기의 심장을 가진 자동차

....

다임러에 빌헬름 마이바흐Wilhelm Maybach가 있다면, BMW에는 막스 프리츠가 있다. 프리츠는 3/15를 기반으로 1933년 BMW가 자체 개발한 첫 번째 자동차 모델인 3/20 PS를 제작한 뒤, 같은 해 베를린 모터쇼에서 6기통 엔진을 얹은 5인승 소형자동차 BMW 303을 발표했다. 전투기의 심장(엔진)을 가진 자동차라고 할까. 303은 최고 30마력까지 낼 수 있었다. 303은 라디에이터 통풍구Grille에 BMW 로고를 달았다. 냉각수를 식히는 바람을 끌어들이는 통풍구가 한 쌍의 콩팥처럼 생겨 이를 키드니 그릴Kidney Grille이라 부른다. BMW

BMW 303(1933)

BMW 로고는 프로펠러가 돌아가는 것처럼 보인다.

BMW 로고

로고는 4등분한 원에 흰색과 하늘색이 번갈아 나타나는 모양으로 프로펠러 엠블럼Propeller Emblem이라고도 한다. 303은 BMW를 상징하는 키드니 그릴과 프로펠러 엠블럼을 모두 갖춘 모델이다. 당시 세계적인 경제공황의 여파로 다임러벤츠와의 합병을 추진하던 중이었다. 그러나 BMW가 303으로 다임러벤츠의 고급 승용차 시장에 뛰어들면서 합병 계약이 무산됐다.

자동차 시장에서 인정받으려면 주요 자동차 경주 대회에서 성능을 인정받아야 한다. 멀리 앞서가는 벤츠를 따라잡으려면 최고 속도로 달릴 수 있는 경주용 자동차가 절실했다. 항공기의 심장을 경주용 자동차에 달면 얼마나 빠를까? BMW는 1936년 강철로 된 튼튼한 차체와 항공기처럼 늘씬한 유선형 몸매에 80마력을 내는 M328 엔진을 얹은 2인승 스포츠카 BMW 328을 선보였다. 328

밀레 밀리아 경주에서 승리한 BMW 328(1940)

은 1936년부터 1940년까지 경주에 172번 참가해 우승컵을 141번이나 거머쥐었다. 특히 1938년 이탈리아의 밀레 밀리아Mille Miglia[15] 경주에서 328이 평균 시속 166km로 우승하면서 BMW는 최고의 자동차 제조 기업으로 대접받기 시작했다.

패전을 딛고 일어나는 기술

제1차 세계대전에서 공중전은 얼마나 높이 나느냐가 좌우했지만, 제2차 세계대전에서는 얼마나 빨리 나느냐가 승부를 갈랐다. 프로펠러의 시대가 저물고 제트 엔진의 시대가 열린 것이다. 뜨거운 가스가 만든 반동으로 추진하는 제트 엔진은 1930년 영국의 항공기사 프랭크 휘틀Frank Whittle이 먼저 특허를 냈지만, 정작 비행에 먼저 성공한 사람은 독일의 한스 폰 오하인Hans von Ohain이다. 폰 오하인은 1932년 제트 엔진을 개발한 뒤 항공기 설계자 에른스트 하인켈Ernst Heinkel의 후원을 받아 제작한 제트기 '하인켈 He 178'로 1939년 8월 29일 첫 비행에 성공했다. 바로 사흘 뒤인 9월 1일, 독일이 하인켈 폭격기로 폴란드를 침공하면서 제2차 세계대전이 벌어졌다.

제2차 세계대전은 BMW를 다시 한 번 전쟁의 소용돌이에 몰아넣었다. 독일 군부가 BMW에 더욱 강력한 제트 엔진을 요구한

---

15 밀레 밀리아(Mille Miglia)는 말 그대로 1,000마일(1,609km)을 달려야 하는 가혹한 경기다.

BMW 003 엔진(1944)

BMW 003 엔진을 단 메서슈미트
의 전투기 Me 262(1945)

것이다. BMW는 실린더를 별 모양으로 배치한 성형星型 엔진Radial Engine BMW 132, BMW 801과 터보 제트 엔진 BMW 003을 제작해 공군에 납품했다. 특히 1944년 제작한 BMW 003 엔진은 독일의 항공기 제작 회사 메서슈미트Messerschmit의 전투기 Me 262에 달려 하늘에서 프로펠러 전투기를 몰아냈다. 세계 최초의 제트 전투기인 Me 262는 고도 6,000m에서 시속 870km로 비행할 수 있었다. 다른 비행기보다 시속 150km나 빠르게 날 수 있어 전투기는 슈발베Schwalbe, Swallow, 전투폭격기는 스트룸포겔Strumvogel, Storm Bird이라고 불렸다. 이번에도 문제는 역시 BMW 003이 너무 늦게 개발됐다는 점이었다. 워낙 엔진이 강력해 이에 걸맞은 동체를 갖추는 데까지 시간이 오래 걸렸다.

두 번째 패전으로 BMW는 또다시 풍비박산 났다. 부가가치가 높은 엔진을 더 이상 제작할 수 없게 된 BMW는 솥이나 냄비 같은 주방기기나 자전거 따위를 만들며 연명했다. 전쟁이 끝나고 3

이세타(1955)   BMW 1500(1961)

년이 지나서야 오토바이를 제작해도 된다는 허락을 받았을 정도다. 1950년대 들어 BMW는 고급 승용차 501, 502 등을 내놓았지만 경기가 좋지 않아 별 재미를 보지 못하고, 2인승 꼬마 자동차인 이세타Isetta를 주문 생산하기도 했다. 뒤이어 출시한 스포츠카 BMW 503과 507도 성능은 뛰어났지만 가격이 비싸 큰 호응을 얻진 못했다. 경기 불황으로 이세타가 잘 팔리자 아예 판권을 사들여 보급형 자동차인 BMW 600과 BMW 700으로 개량하기도 했다.

1960년대 들어 BMW는 1,500~2,000cc급(준중형) 시장에 진출했다. 이전과는 차원이 다른 승용차 모델, 노이에 클라세Neue Klasse, New Class다. 1961년 BMW 1500을 발판 삼아 BMW는 1600, 1800, 2000 같은 후속 모델을 잇달아 성공시키면서 다시 성장의 가속페달을 밟기 시작했다. 중형자동차 시장을 넘보던 BMW는 1972년 뮌헨 올림픽을 계기로 1800을 기반으로 한 5 시리즈를 발표했고, 1970년대 들어 석유파동을 겪으면서 1975년 1500을 모태로 하는 3 시리즈를 출시했다. 이어 BMW는 1977년 최고급 세단 7 시리즈를

BMW 3 시리즈

BMW 5 시리즈

BMW 7 시리즈

출시하면서 자동차 모델 라인업을 완성했다.

새는 시력이 좋다. 특히 맹금류는 하늘 높이 날면서 생쥐나 붕어 같은 작은 먹잇감을 잘도 찾아낸다. 하늘을 날다 땅으로 내려온 BMW는 시력이 탁월하다. 제논 헤드라이트Xenon Headlight는 할로겐 램프보다 더 밝고 강렬한 빛을 내고, 어댑티브 헤드라이트Adaptive Headlight는 진행 방향으로 먼저 회전하여 전방을 밝히거나 맞은편 자동차의 눈부심 피해를 줄이기 위해 밝기를 스스로 낮추기도 한다. BMW는 민첩하고 날렵하게 땅 위를 달린다. 코너링 브레이크 컨트롤Cornering Brake Control은 급제동할 때 하중을 분산시켜 미끄러지거나 뒤집히는 현상을 방지하고, X-드라이브는 사륜구동으로 앞바퀴와 뒷바퀴의 동력 비율을 적절히 조절해 안정적으로 달리게 해준다.

궁극의 드라이빙 머신

....

BMW의 질주 본능은 영화에도 그대로 드러난다. 〈시한폭탄 같은 남자〉(1993)에서 탈옥수를 태운 자동차 325iS는 멕시코 국경을 향해 쏜살같이 달아나고, 〈마지막 보이스카웃〉(1991)에서는 750iL이 악당을 끝까지 뒤쫓는다. 〈백 투 더 퓨처 2〉(1989)에서는 633CSi가 주인공을 태워 미래로 돌아오고, 〈미션 임파서블 4〉(2011)에서는 i8이 핵전쟁을 막기 위해 질주한다. 달리기만 하면 무슨 재미인가? 세계대전에서 보여준 BMW의 전투 본능은 영화 '007 시리즈'에서도 유감없이 드러난다. 〈골든 아이〉(1995)에서 Z3는 전투기처럼 스

영화 007 시리즈 〈골든 아이〉에 등장한
BMW Z3 (1995)

영화 〈더 하이어〉 포스터

팅어 미사일과 비상 탈출 기능을 선보이고, 〈네버 다이〉(1997)에서
750iL은 타이어 펑크용 압침 같은 첨단 무기를 자랑하며, 〈언리미
티드〉(1999)에서 Z8은 헬리콥터를 격추하기도 한다.

　　협찬만으론 '진정한 드라이빙의 즐거움Sheer Driving Pleasure'[16]을
충분히 표현하기 어려웠는지, BMW는 아예 영화 자체 제작에 나
섰다. 〈더 하이어〉(2001)를 시작으로 〈디 이스케이프〉, 〈더 팔로우〉
같은 단편영화 8편을 발표했다. 토니 스콧, 오우삼, 왕가위 같은 세
계적인 감독이 각각 연출하고 클라이브 오웬, 마돈나, 다코타 패닝,
게리 올드만 같은 스타들이 출연해 드라이빙의 즐거움을 만끽하게
했다. 영화 같은 일은 현실에서 벌어지기도 했다. 2016년 이라크 쿠
르드족 민병대 소속이던 아코 압둘라흐만Ako Abdulrahman이 중고 시
장에서 산 7 시리즈 방탄차로 이슬람 무장 단체 IS에 사로잡혀 있
던 포로 70명을 구출한 것이다.

16　　　BMW의 광고 문구.

육지에서 빠르게 달리던 공룡은 하늘로 잽싸게 날아올라 익룡이 된 반면, 하늘을 날다 추락한 BMW는 재빠르고 날쌔게 육지를 질주하며 도로를 차지했다. 하늘을 지배하던 프테라노돈Pteranodon[17]이 내려앉아 '날쌘 도둑' 벨로키랍토르Velociraptor[18]로 변신했다고나 할까? 땅을 장악한 BMW는 언젠가 다시 하늘로 날아오를 것이다. 비행飛行 유전자를 품고 있기 때문이다. BMW의 엠블럼은 흰색과 하늘색을 대비한 독일 바이에른주의 깃발에서 빌려온 것이지만, 하늘을 날고 싶은 BMW의 욕망을 담아서 그런지 구름이 떠도는 파란 하늘을 배경으로 도는 프로펠러처럼 보인다. 그래서 '프로펠러 엠블럼'이다. 프로펠러 엠블럼을 단 '궁극의 드라이빙 머신'을 타면 하늘을 날 수 있을까? 진정한 드라이빙의 즐거움은 하늘을 날 때 비로소 느낄 수 있을 것이다.

---

17   백악기 후기에 살았던 익룡의 한 종류.
18   백악기 후기에 살았던 육식공룡.

디자인

DESIGN

혁신적인 디자인으로 끌어라

6

샤넬
Chanel

패션은 사라져도
스타일은 남는다

코르셋이 쓰러뜨린 여인들

....

오스트리아·헝가리 제국의 초대 황제 프란츠 요제프 1세재위: 1848~1916의 부인 엘리자베스 폰 비텔스바흐Elisabeth von Wittelsbach는 19세기 후반 유럽 왕실에서 가장 아름다운 황후로 꼽혔다. 미모를 가꾸기 위해 음식은 즙을 내어 마시고 우유로 몸을 씻었으며, 매일같이 승마와 수영으로 몸매를 관리해 허리둘레가 20인치를 넘지 않았다. '시씨Sissi'라는 애칭으로 대중의 사랑을 받던 그녀는 1898년 제네바를 방문했다가 갑자기 달려든 무정부주의자의 흉기에 가슴이 찔려 죽었다. 당시 그녀는 몸에 꽉 끼는 코르셋을 입고 있어 흉기에 찔린 아픔을 바로 느끼지 못했고, 검은 드레스를 입고 있어 피를 흘리는 것도 알지 못했다. 시씨는 선착장에서 100미터쯤을 더 걸어 유람선을 탔다가 과다 출혈로 쓰러져 죽었다.

엘리자베스 폰 비텔스바흐(1837~1898)

코르셋Corset은 날씬해 보이기 위해 가슴에서 엉덩이 위까지 두른 뻣뻣한 천을 고래수염이나 철사로 엮어 몸을 죄는 속옷이다. 처음엔 좀 더 예뻐 보이기 위해 몸매를 보정하는 정도로 쓰였지만,

제네바에서 아나키스트의 흉기에 찔리는 시씨(1898)

시간이 지날수록 코르셋은 여성의 몸을 옥죄는 갑옷으로 변해갔
다. 나중엔 코르셋을 입지 않거나 느슨하게 풀면 정조 관념이 없
는 여자로 낙인찍히기까지 했다. 남편들은 아침에 묶은 아내의 코
르셋 매듭이 저녁에도 그대로인 걸 확인하고 싶어 했다. 프랑스 앙
리 2세의 왕후 카트린 드 메디시스는 왕들이 정부情婦와 놀아나는
것을 참다못해 허리둘레가 13인치를 넘으면 궁정 행사에 참석하
지 못하도록 했다. 왕실에는 코르셋 때문에 숨을 제대로 쉬지 못해
쓰러진 여성들이 쉴 수 있도록 '기절 방Fainting Room'을 만들어 '기
절 소파Fainting Couch'를 두기도 했다. 당시엔 여성들이 코르셋 때문
에 길을 가다 빈혈이나 호흡곤란으로 주저앉는 일이 흔했다. 시씨
도 쓰러졌을 때 숨을 쉬도록 코르셋을 풀다가 흉기에 찔렸다는 사
실을 알게 된 것이다.

샤넬 혁신의 원천

....

시씨의 죽음을 전후하여 코르셋에서 여성을 해방하려는 움직임이
프랑스에서 나타났다. 폴 푸아레Paul Poiret, 마들렌 비오네Madeleine
Vionnet, 가브리엘 샤넬Gabrielle Chanel 등 패션 디자이너들이 먼저 움
직였다. 여성의 사회 활동이 늘어나고 여성 인권에 대한 논의가 일
면서 혼자서 입고 벗을 수도 없는 코르셋은 거추장스러운 것으로
여겨지기 시작했다. 특히 가브리엘 샤넬은 의상은 물론 모자, 신발,
가방, 향수, 장신구에 이르기까지 패션으로 여성에게 새로운 자유
를 선사했다. 그녀는 1883년 장돌뱅이였던 아버지의 둘째 딸로 태
어났다. 열두 살에 어머니를 잃고 수녀원에 버려진 뒤, 열여덟 살
에 수녀원에서 나와 낮에는 삯바느질을 하고 밤에는 카페에 나가
노래를 불렀다. 이때 얻은 별명이 코코Coco다. 가브리엘은 카페에서

코코 샤넬(1883~1971)

기병대 하사관인 에티엔 발장Étienne Balsan을 만나 영국인 사업가 아서 카펠Arthur Capel을 소개받으면서 패션 디자이너라는 새로운 삶을 시작하게 되었다.

샤넬은 다른 명품 브랜드처럼 가문 대대로 이어온 장인 집안이 아니다. 가브리엘은 고아나 다름없이 자라 평생 독신으로 살았다. 수녀원에서 억지로 바느질을 하고, 고모에게 잠시 수선과 재봉을 배웠을 뿐이다. 부모나 스승에게 물려받은 지식이나 기술 없이 샤넬이라는 브랜드를 오롯이 혼자서 일군 것이다. 자유롭게 일을 시작한 그녀답게 가브리엘은 전통적인 재료나 방식을 거부하고 혁신적인 소재나 공정을 채택하여 완전히 새로운 패션을 창조해냈다. 또 개발보다는 조합을 통해 혁신을 이끌어냈다. 스타일의 힘이다.

연인 덕에 발견한 혁신의 소재

....

저지Jersey는 샤넬이 찾아낸 첫 번째 소재다. 제1차 세계대전이 한창이던 1916년 초, 고급 의상을 만들던 옷감이 다 떨어졌다. 전시 상황이라 피류 공장들이 군수물자를 생산하는 데 동원됐기 때문이다. 가브리엘은 연인이던 카펠의 도움으로 팔지 못한 저지를 쌓아놓은 창고를 찾아가 재고를 몽땅 사들이고, 추가 생산을 요청하기까지 했다. 저지는 양털로 짠 메리야스 직물로, 두껍지만 가볍고 신축성이 좋지만 주름이 잘 생겨 남성용 속옷을 만드는 데 쓰였다. 여성용 고급 의상을 짓기엔 턱없이 보잘것없는 소재였다. 가브리엘은 저지로 깔끔하고 편안한 여성용 투피스를 제작했다. 남성용 속

저지 슈트를 입은 코코 샤넬(1928)   샤넬 슈트(1958)

옷감을 여성용 겉감으로 사용한 것이다. 투피스는 《엘레강스》, 《하퍼스 바자》, 《보그》 같은 잡지에 소개되며 극찬을 받았다.

　가브리엘의 첫 영국 연인 카펠이 저지를 발견하게 도와줬다면, 그녀의 두 번째 영국 연인 웨스트민스터 공작은 트위드Tweed[19]를 찾아내는 계기를 만들어주었다. 저지는 영국과 프랑스 사이의 도버 해협에 있는 가장 큰 섬 저지에서 자란 양의 털로 만든 편물編物[20]이고, 트위드는 잉글랜드와 스코틀랜드의 경계에 놓인 트위드강에서 헹궈낸 모직물이다. 가브리엘은 1954년 성기게 짠 거친 트위드를 소재로 카디건Cardigan 스타일의 샤넬 슈트Chanel Suit를 발표했다. 제2차 세계대전으로 의상실 문을 닫은 지 15년 만에, 그것

19　　굵은 양털로 짠 직물.
20　　뜨개질을 전문적으로 이르는 말.

도 일흔하나의 나이에 트위드라는 새로운 소재로 화려하게 복귀한 것이다. 트위드 재킷은 여성복에 처음으로 앞주머니를 붙이고, 실을 꼬아 만든 장식Braid과 샤넬 로고가 새겨진 단추, 비단 안감에 꿰매 넣은 체인 장식을 달았다. 샤넬의 스타일이 가장 잘 드러나는 패션이다.

러시아 연인 드미트리 공작은 직물이 아닌 화학에서 새로운 소재를 찾는 계기를 만들어주었다. 가브리엘은 드미트리 공작에게 소개받은 조향사調香師 에르네스트 보Ernest Beaux에게 여성의 향기를 담은 향수를 의뢰했다. 재스민, 은방울꽃, 장미꽃 따위로 꾸민 향이 아니라 여성 그 자체를 표현할 향기를 주문한 것이다. 당시 합성향료로 만든 향수가 유행하던 가운데, 에르네스트는 알데히드Aldehyde를 찾아냈다. 알데히드는 탄소, 수소, 산소로 이루어진 '알데히드기CHO'를 가진 화합물로, 알코올Alcohol에서 수소가 빠져나가는 반응dehydrogenation으로 만들어지기 때문에 '알데히드'라고 불린다.

향수를 뿌린 뒤 시간차를 두고 나타나는 향기를 뜻하는 노트Note는 사라지는 시기에 따라 세 가지로 구분한다. 뿌리면 가장 먼저 퍼지는 탑 노트Top Note, 10분 정도 지나서야 나타나는 미들 노트Middle Note, 끝까지 남는 베이스 노트Base Note다. 에르네스트는 알데히드를 탑 노트로 채택했다. 향수 뚜껑을 열었을 때 뭔가 알 수 없는 깔끔한 향기가 나게 했다. 어릴 적 어머니의 화장대에서 맡았던 향긋한 비누향이라고나 할까. 특정한 꽃의 향기는 금방 싫증 나지만, 알데히드 향수는 웬만큼 사용해도 질리지 않았다. 가브리엘은 "무엇과도 닮지 않은, 여성의 향기가 풍기는 여성 향수"라고 설

마릴린 먼로와 Chanel No. 5

명했다. 새로운 소재 알데히드의 힘이다. 에르네스트가 러시아의 얼어붙은 호수에서 영감을 받았다고 전해지기도 하고, 농도 10% 짜리가 아닌 100%짜리 원액을 넣는 바람에 실수로 만들어졌다고 도 한다. 이것이 바로 마릴린 먼로가 잠잘 때 유일하게 걸친다고 고백한 향수 'Chanel No. 5'다.[21]

패션으로 여성을 자유롭게 하다

샤넬은 장신구에서도 획기적인 소재를 선택했다. 모조 진주를 비롯한 모조 보석이다. 19세기 말에 색유리를 녹여 예쁜 모양을 만

---

[21]   "What do I wear in bed? Why, Chanel No. 5, of course."

드는 페이스트 글라스Paste Glass 기법이 등장하면서 보석처럼, 아니 보석보다 더 아름다운 장신구들이 등장했다. 가브리엘은 1924년 주얼리 장인 메종 그리포Maison Gripoix에게 색유리 구슬에 금속 틀을 씌우지 않고 금속 틀에 색유리를 넣는 방식으로 만든 모조 진주를 개발토록 했다. 이 모조 진주로 꾸민 장신구가 바로 코스튬 주얼리Costume Jewelry다. 금, 루비, 다이아몬드 같은 값비싼 보석으로 치장한 파인 주얼리Fine Jewelry가 아니라, 예쁜 돌, 유리, 합금, 플라스틱, 가죽 같은 독특한 소재로 개성과 실용을 강조하는 패션 주얼리Fashion Jewelry의 시대를 연 것이다. 모조 진주로 만든 긴 목걸이를 무심한 듯 몇 겹으로 목에 감아 걸면서 가브리엘이 말했다. "장신구는 여자를 부유하게가 아니라 아름답게 보이도록 해야 한다."

가브리엘은 구속의 상징인 쇠사슬마저 패션 소재로 끌어들여 여성의 손을 자유롭게 만들었다. 끈이 없어 손에 쥐거나 곁에 끼고 다녀야 하는 클러치 백Clutch Bag에 길이를 조절할 수 있는 예쁜 쇠사슬을 달아 핸드백을 숄더 백Shoulder Bag으로 바꿨다. 한순간에 양손은 자유를 얻었다. 샤넬은 1955년 2월 퀼팅 패턴 숄더 백Quilting Pattern Shoulder Bag을 발표했다. 출시한 시기를 따서 '2.55백'이라고도 한다. 질긴 양가죽 두 겹 사이에 솜을 넣고 마름모무늬로 누빈 퀼팅백은 소재 자체가 든든한 데다 매력적인 검은색이 윤기를 내며 날아갈 듯한 자신감을 쥐여주었다. 가브리엘은 소재와 디자인뿐만 아니라 색상으로도 여성들에게 자유를 선사했다. 당시 검은색은 여성복으로는 상복喪服으로나 쓰여 모두들 기피하던 색이었다. 가브리엘은 가장 사랑했던 연인 아서 카펠이 자동차 사고로 죽자 세상의 모든 여인에게 상복을 입히려 했던 걸까? 그녀는

모조 진주 목걸이를 한 코코 샤넬
(1936)

아메리칸 〈보그〉에 최초 공개된 리틀
블랙 드레스 일러스트(1926)

샤넬 2.55백

투톤 슈즈

1926년 리틀 블랙 드레스Little Black Dress를 발표했다. 잘록한 허리선을 없애버린 리틀 블랙 드레스는 상류층 여성 손님과 백화점 점원을 구분하기 어려울 정도로 많은 여성이 입어 '파리의 유니폼'이라 불렸다. 당시 처음으로 대량생산됐던 포드 자동차의 'Model T'에 빗대 '샤넬의 포드Chanel's Ford'라 불리기도 했다. 가브리엘이 자신의 디자인을 복제하는 것을 허용하자 유럽과 미국의 많은 의상실에서 그녀의 패션을 앞다퉈 모방하면서 샤넬패션, 샤넬라인, 샤넬룩 같은 용어들이 생겨났다. 샤넬이 프레타 포르테prêt-à-porter(고급기성복)의 시대를 예고한 것이다.

여성의 발을 자유롭게 만든 것도 샤넬이다. 가브리엘은 1957년 발이 편하도록 볼이 넓고 굽이 낮은 구두에 베이지색을 칠하고 앞코에 까만 가죽을 덧댄 투톤 슈즈Two-tone Shoes를 출시했다. 검은 앞코는 혼자서도 어디든 갈 수 있다는 오뚝한 자존심을 드러낸다.

스타일은 남는다

어린 시절 외롭던 수녀원 생활이 끼친 영향일까? 가브리엘은 수녀원 생활을 몹시 지겨워했지만 신앙심이 깊어 수도복처럼 정갈하고 단아한 검정색과 하얀색의 대비에 집착했다. "검정색과 하얀색은 절대적인 아름다움을 훌륭하게 연출해낸다"는 말이 그녀의 고집을 대변한다. 그녀가 즐겨 사용하던 단정하고 기하학적인 무늬는 수녀원의 스테인드글라스Stained Glass에서 아이디어를 얻은 것이다. 샤넬은 귀족들이 추구하던 화려한 색상과 어지러운 무늬를 거부하고, 치렁대는 장식을 떼버렸다. 단정하고 우아한 옷을 코스튬 주얼리 같은 다채로운 장신구로 꾸며 현대의 도시적인 맵시가 나는 새로운 스타일을 창조한 것이다. 가브리엘은 말했다. "패션은 사라져도 스타일은 남는다."[22]

샤넬 스타일에서 빠뜨릴 수 없는 색이 하나 더 있다. 빨강이다. 가브리엘이 가만히 묻는다. "눈이 영혼의 창이라는 건 모두 동감하면서 왜 입술이 마음을 대변한다는 건 인정하지 않지요?" 샤넬은 1924년 새빨간 립스틱 '루주 드 샤넬Rouge de Chanel'을 출시했다. 붉게 칠한 입술은 마녀나 창녀의 표시로 여겨지던 빅토리아 시대의 금기를 깨고 매혹적인 빨강을 입술에 올린 것이다. 짙은 색상과 윤기 나는 질감을 오래 유지하기 위해 미세한 운모 가루를 덧발랐다. "빨강은 생명의 색이자 생기의 색이다."[23] 주홍이 짙은 빨강, '샤넬 레드Chanel Red'를 즐겨 바르던 가브리엘은 조언한다. "슬프거나 마음이 아리면 화장을 해라. 스스로를 가꾸어라. 립스틱을 바르고 앞으로 나가라.[24]"

가브리엘은 여성에게 저지와 트위드를 선사해 코르셋을 벗게 하고, 알데히드로 여성의 향기를 탐색했으며, 모조 진주로 여성의 아름다움을 부각하고, 쇠사슬로 여성의 손을 자유롭게 만들었다. 검정색과 하얀색으로 단아하고 정숙한 현대 여성의 자화상을

---

22   Fashion fades, only style remains the same.
23   "Red is the color of life, of blood…"
24   "If you are sad, If you are heartbroken, make yourself up, dress up, add
      more lipstick and attack."

창조하고, 빨강으로 매혹적이고 혁신적인 여성의 잠재의식을 일깨웠다. 가브리엘과 시씨. 각각 19세기와 20세기에 세계 여성의 부러움을 한 몸에 받던 두 여인의 삶은 너무도 달랐다. 왕실에서 태어나 남편 덕에 제국의 황후에 올랐지만 코르셋 때문에 자신이 죽는 줄도 몰랐던 시씨는 죽음조차 실감하지 못하는 유언을 남겼다. "아니, 내게 무슨 일이 일어난 거지?"[25] 고아처럼 자라 코르셋을 벗어버리고 홀로 샤넬 제국을 건설한 가브리엘은 창문을 열어달라고 부탁한 뒤 마지막 숨을 쉬었다. "이것 봐, 이렇게 죽는 거야."[26]

---

25 "No, what has happened?"
26 "You see, this is how you die."

7

뱅앤올룹슨
Bang & Olufsen

음악을 정직하게 재현한다

목소리를 빼앗는 기계

....

1877년 12월 4일 미국 뉴저지의 멘로파크 실험실에서 토머스 에디슨Thomas Edison은 포노그래프Phonograph라 이름 붙인 축음기의 성능을 확인하기 위해 노래를 불렀다. "Mary had a little lamb⋯."[27] 이것이 최초로 기계에 녹음된 사람 목소리다. 에디슨은 바로 특허를 신청하면서 그 용도를 '속기사 없이 사람의 말을 받아쓰는 기계', '맹인을 위한 발음 교육'으로 적었다. 10년 뒤 에밀 베를리너Emile Berliner는 원통형 녹음판을 손으로 돌리는 포노그래프와 달리 원반형 녹음판을 턴테이블Turntable로 돌리는 그래모폰Gramophone을 발명했다. 베를리너가 세운 회사 G&TGramophone&Typewriter Company는

27   우리나라의 "떴다떴다 비행기"와 같은 멜로디의 동요

프레드 가이스버그(1873~1951)   엔리코 카루소(1873~1921)

전문적인 용도를 겨냥한 포노그래프와 달리 대중적으로 쓰일 만한 방도를 찾던 중, '주기도문Lord's Prayer'을 녹음한 음반으로 그 가능성을 확인한 뒤 대중적인 음악을 찾아 나섰다.

베를리너의 조수로 일하다가 G&T에서 음반 제작을 맡게 된 녹음 기술자 프레드 가이스버그Fred Gaisberg는 내로라하는 유명 가수들이 섭외에 응하지 않아 고심에 빠졌다. 마치 사진기가 처음 등장했을 때 사진을 찍으면 영혼을 빼앗긴다고 생각해 사람들이 촬영에 응하지 않았던 것처럼, 새로운 기술이 등장하자 으레 그렇듯 괴담이 퍼졌다. 녹음을 하면 목소리를 빼앗긴다는 괴소문에 가수들이 좀처럼 나서지 않았다. 그러나 그는 포기하지 않고 1901년, 20세기 최고의 베이스로 떠오르던 러시아의 표도르 샬랴핀Feodor Chaliapin을 설득하려 인사불성이 될 때까지 보드카를 먹인 뒤 간신히 녹음에 성공했다. 이듬해 가이스버그는 막 뜨기 시작한 테너 엔

그래모폰으로 녹음하는 자신의 모습을 그린 카루소의 그림(1902)

리코 카루소Enrico Caruso를 눈여겨보았다. G&T는 큰 무대에 서본 경험이 적은 카루소를 탐탁지 않게 여겼지만, 가이스버그는 자신의 주머니를 털어 녹음을 밀어붙였다.

1902년 4월 11일 이탈리아 밀라노의 그랜드 호텔에서 카루소는 마이크가 아직 발명되지 않은 탓에 소리를 모아주는 나팔에 대고 두 시간 동안 노래를 불렀다. 카루소는 〈별은 빛나건만E lucevan le stelle〉을 비롯해 〈남몰래 흐르는 눈물Una Furtiva Lagrima〉, 〈정결한 아이다Celeste Aida〉 등 아리아 열 곡을 불렀다. 이후 카루소는 처음으로 음반을 낸 가수로, 가이스버그는 최초의 음악 프로듀서로 이름을 남기게 됐다. 이 음반은 세계적으로 30만 장이 넘는 엄청난 판매를 기록하며 G&T에 1만 5천 파운드를 벌어다 주었다. 당시 카루소가 받은 돈은 100파운드에 불과했다. 그러나 이 음반을 발판 삼아 카루소는 바로 이듬해 미국 뉴욕의 메트로폴리탄 오페

라 무대에 서면서 20세기 최고의 테너로 떠올랐다. 카루소는 G&T
와 제휴한 빅터Victor Talking Machine Company와 전속 계약을 맺고 빅터
를 세계적인 음반 회사로 성장시켰다. 축음기가 카루소를 키워낸
걸까, 카루소가 축음기 산업을 발전시킨 걸까?

카루소의 노래를 듣기 위하여

1900년 덴마크 코펜하겐에서 자동차를 굴릴 정도로 큰 부잣집에
서 태어난 피터 뱅Peter Bang은 어려서부터 백열전구, 전화, 축음기처
럼 당시엔 보기도 어렵던 첨단 발명품을 만지고 놀며 자랐다. 어머
니가 몸이 약해 돌봐주지 못했기 때문에 뱅은 일찌감치 기숙사에
들어갔다. 그는 배터리나 스위치 같은 부품을 사서 뭔가 만들기를

(왼쪽부터)스벤트 올룹슨, 피터 뱅

좋아했다. 아들의 재능을 눈치챈 아버지가 지멘스Siemens에서 견습을 시키자, 뱅은 풍력발전기를 만들어 집에 설치하기도 했다. 뱅은 다섯 살에 카루소의 음반을 처음 들었고, 열 살에 카루소의 뉴욕 메트로폴리탄 오페라 공연 소식을 전해 들었다. 1910년 카루소의 공연이 라디오로 처음 생방송 진행된 것이다. 카루소는 축음기와 라디오라는 당시의 첨단 기술을 가장 먼저 이용하고 가장 크게 성공한 가수일 것이다.

이때부터 라디오에 호기심을 갖게 된 뱅은 전기공학 전문학교에 들어가 라디오를 만들고, 완성된 라디오를 코펜하겐에 있는 그의 본가와 외가에 설치해주기도 했다. 뱅은 라디오 기술을 배우기 위해 1924년 미국으로 건너가 GEGeneral Electric의 라디오 공장과 방송국에서 일하기도 했다. 이듬해 덴마크로 돌아온 뱅은 혼자 라디오 수신기 발명에 골몰하던 전문학교 동창 스벤트 올룹슨Svend Olufsen을 만나 의기투합하고, 각각 지분 40%씩, 두 아버지가 10%씩 나눠 가진 형태로 '뱅앤올룹슨Bang & Olufsen'을 설립했다. 첫 직원으로 고용했던 농장주의 딸이 매일 출근해 가장 먼저 하던 일은 올룹슨의 다락방에서 늦도록 실험하다 곯아떨어진 뱅을 깨우는 것이었다. 개발을 맡은 그는 밤새도록 실험을 하다 아침 일곱 시 회의에 잠옷 차림으로 나타나기도 했다. 그러나 매출이 변변치 않아 8년 동안 월급도 가져가지 못했다.

1920년대에 미국에서 불기 시작한 재즈 열풍은 미국과 유럽의 청년들이 라디오에 귀를 기울이게 만들었다. '라디오의 아버지'라 불리는 리 디포리스트Lee De Forest가 1906년 3극 진공관을 발명하고, 1920년 미국의 웨스팅 하우스Westing House가 방송국을 열면

일리미네이터(1926)

서 라디오는 젊은이들에게 새로운 음악의 세계를 열어줬다. 당시 라디오를 듣던 사람들은 축전지Storage Battery 때문에 고민이 많았다. 전원이 닳고 나면 축전지를 갈아 달거나 충전해야 하는데 비용이 많이 들었고, 매번 충전소를 찾아가는 것도 번거로운 일이었다. 당시엔 일반 가정에서 전력을 교류AC로 공급받은 반면 축전지는 직류DC로 충전해야 했기 때문이다. 교류는 전류의 방향이 계속 바뀌기 때문에 충전할 수가 없다. 축전지 비용을 마련하기 위해 뱅은 매번 아버지에게 손을 벌리고 올룹슨은 어머니가 달걀 팔아 대주는 돈을 얻어 썼다. 그들이 먼저 개발에 착수한 것은 축전지 없이 들을 수 있는 라디오였다. 뱅앤올룹슨은 창업 다음 해인 1926년 교류를 직류로 바꾸어주는 일리미네이터Eliminator를 처음으로 발명했다.

신소재가 가져온 디자인 혁신

············

뱅앤올룹슨을 음향기기 제조 기업으로 각인시킨 것이 1929년 개발한 '파이브 램퍼Five Lamper'다. 진공관 다섯 개를 가진 이 라디오는 탁월한 음질에 플러그를 꽂으면 바로 켤 수 있는 혁신적인 기술을 뽐낼 뿐 아니라 호두나무와 단풍나무로 짠 상자에 들어 있어 우아한 목재 가구처럼 보였다. 라디오를 여러 부품과 전선이 얼기설기 얽힌 투박한 기계가 아니라, 기하학적인 아름다움을 자랑하는 아르데코Art Deco 스타일의 '가구'로 탈바꿈한 것이다. 중국제 목재 보석 상자처럼 보이기도 해 'Chinese Radio'라 불리기도 했다. 파이브 램퍼는 기술과 디자인을 동시에 추구하는 브랜드의 지향점을 처음 드러낸 제품으로, 1930년대 세계 라디오 시장에 뱅앤올룹슨의 존재를 확실하게 알렸다.

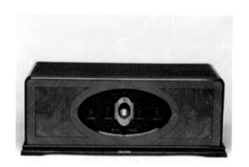

파이브 램퍼(1929)

하지만 뱅앤올룹슨이 설계한 '가구'는 디자이너의 혹평에 시달렸다. 1933년 당시 가구 디자인 사무실을 운영하던 젊은 디자이너 올 벤셔Ole Wanscher는 승승장구하던 뱅앤올룹슨의 라디오에 대해 "디자인이 부족하고 비슷비슷해 보인다"며 혹평을 늘어놓았다. 벤셔는 1950년대에 덴마크 왕립예술아카데미의 교수로 일하며 '이지 체어Easy Chair'처럼 우아한 덴마크식 가구를 창조한 인물이다. 1913년 영국의 해리 브리얼리Harry Brearley가 녹슬지 않는 쇠를 만들기 위해 철에 크롬을 섞은 합금을 발명하면서 당시 스테인리스강Stainless Steel이 첨단 기술을 상징하는 신소재로 떠오르고 있었다. 뱅앤올룹슨은 1934년 둥근 스테인리스강관鋼管으로 둘레를 산뜻하게 두른 라디오 'Hyperbo 5RG Steel'을 선보였다. 뱅은 이사한 집에 어울리는 새로운 스타일을 찾던 도중, 당시 유행하던 디자이너 마르셀 브로이어Marcel Breuer의 '바우하우스 체어Bauhaus Chair' 디자인을 그대로 라디오에 흉내 낸 것이다.

새로운 소재는 새로운 디자인을 부른다. 미국의 화학자 레오 베이클랜드Leo Baekeland는 1906년 페놀과 포름알데히드를 반응시켜 열경화성 합성수지인 베이클라이트Bakelite를 만들었다. 플라스틱을 발명한 것이다. 뱅앤올룹슨은 1938년 베이클라이트를 소재로 한 라디오 'Beolit 39'를 발표했다. 같은 해 GMGeneral Motors이 자동차 디자이너 할리 얼Harly Earl에게 의뢰해 선보인 자동차 뷰익Buick 'Y-Job'의 디자인을 참고했다. 전체적으로 선이 둥글고, 뒤쪽 덮개와 스피커창이 각각 Y-Job의 트렁크와 라디에이터 통풍구를 닮았다. BeoLit 39는 뱅앤올룹슨의 브랜드 접두사 Beo를 처음 이름에 넣은 제품으로, 가정용 외에 영화관은 물론 공연 차량이나 군용

바우하우스 체어

바우하우스 체어를 본떠 만든
Hyperbo 5RG

차량에 쓰이기도 했다.

첨단 가전제품을 첨단 '가구'로 승격시킨 뱅앤올룹슨은 당시 간결하고 실용적인 모더니즘을 추구하던 바우하우스 계열의 건축가나 디자이너와 적극적으로 교류하며 새로운 영역의 스타일을 개척했다. "가격보다 취향과 품질을 추구하는 사람들을 위해서"[28]다. 뱅앤올룹슨의 수석 디자이너 자콥 젠슨Jacob Jensen은 "디자인은 모든 사람이 이해하는 언어"[29]라며, 뱅앤올룹슨에서 '말이 서로 통하고, 같이 살고 싶은 기계'를 디자인했다. 그가 디자인한 제품은 라디오 'BeoLit 600'(1964)부터 마이크 'BeoMic 2000'(1969), 축음기 'BeoGram 4000'(1972), 오디오 시스템 'BeoCenter 9000'(1986)까

28   For those who discuss taste and quality before price.
29   Design is a language which understood by everyone.

116

Beolit 39(1939)

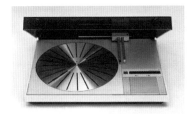

BeoGram 4000(1972)

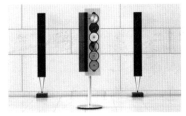

BeoSound 9000(1996)

지 무려 234점이나 된다. 이들 중 'BeoGram 4000', 'BeoMic 2000' 등 열두 점은 예술성을 인정받아 뉴욕현대미술관MoMA에 영구 전시되어 있다. 젠슨의 조수였던 데이비드 루이스David Lewis는 CD 여섯 장을 한 줄로 늘어놓은 오디오 시스템 'BeoSound 9000'(1996)과 원뿔에 크고 작은 심벌즈를 올려놓은 우주선처럼 생긴 스피커 'BeoLab 5'(2003)를 디자인했다.

격조 높은 외관에 걸맞은 기술

....

깔끔한 조형미 덕에 전자제품이라기보다 가구로 인정받는 뱅앤올룹슨의 제품들은 특급 호텔은 물론 호화로운 갤러리나 고급 스튜디오를 장식하는 인테리어 필수품으로 자리 잡았다. 영화 〈존 말코비치 되기〉(1999)에서 존 쿠삭은 침실에 놓인 'BeoSystem 2500'으로 음악을 틀어 분위기를 잡고, 영화 〈사랑을 위하여〉(1991)에서 백혈병으로 죽음을 앞둔 남자 주인공 캠벨 스콧은 'BeoCenter 9300'에서 나오는 음악에 맞춰 겸연쩍어하는 줄리아 로버츠와 춤을 춘다. 〈다크나이트〉(2008)에서 백만장자 브루스 웨인은 'BeoVision 7'으로 '배트맨'이 나오는 뉴스를 지켜보고, 영화 〈섹스 앤 더 시티〉(2010)에서 여러 번 스쳐 지나가는 뱅앤올룹슨의 제품들은 뉴욕 상류층의 거실을 상상하게 한다.

우아한 은빛 광택을 내는 덴마크풍의 시각적 아름다움에 어떻게 청각적인 몰입의 즐거움을 담았을까? 뱅앤올룹슨은 처음부터 끝까지 '음악의 정직한 재현Honest Music Reproduction'을 고집한다. 기술의 한계에 얽매이지 않고 스피커를 통해 원음 그대로 들을 수 있어야 한다는 것이다. 뱅앤올룹슨은 이를 지키기 위해 격조 있는 기술들을 개발, 도입하였다. 음향 렌즈 기술Acoustic Lens Technology의 경우, 위치에 따라 스윗 스팟Sweet Spot[30]이 바뀌지 않도록 렌즈Reflector로 음악을 사방으로 확산하고, ABCActive Bass Control 기술은

---

30   실제 연주가 이루어지는 공연장이나, 오디오를 통해 간접적으로 사운드를 청취
하는 환경에서 가장 좋은 소리를 들을 수 있는 위치

음을 반사해 실내 환경을 먼저 파악한 뒤 이에 알맞은 조건으로 설정을 맞춰준다. MOTSMore Of The Same는 취향을 선택하면 분위기가 비슷한 곡들을 골라주는 기술이고, WiSAWireless Speaker and Audio는 간섭 현상을 줄이기 위해 5㎓ 대역을 압축 없이 바로 무선으로 전송하는 기술이다.

　뱅이 불과 다섯 살에 처음 들었던 치직거리는 카루소의 음반이 그렇게 매력적이었을까? 열 살 때 놓친 카루소의 잡음투성이 라디오 방송이 그렇게 아쉬웠을까? 뱅앤올룹슨은 왜 그렇게 음악에 빠져들게 만들까? 뱅앤올룹슨이 고집하는 '음악의 정직한 재현'은 주파수Hz나 데시벨dB 같은 측정값에 집착하며 스튜디오에서 녹음된 원음을 물리적으로 그대로 전달해 듣는 것이 아니다. 원음을 스피커 밖으로 완벽하게 재생하는 것을 넘어, 듣는 사람이 원음을 그대로 느낄 수 있어야 한다. 소리가 스피커에서 고막까지 '정확하게' 도달하는 과정을 넘어, 고막에서 대뇌까지 전달되는 과정도 정직해야 한다는 것이다. 듣는 사람의 감상을 기준으로 하는 심리음향학Psycoacoustics의 영역이다. 음악을 '정확하게'가 아니라 '정직하게' 전달하려면 도대체 어떤 기술이 필요한 걸까?

8

바쉐론 콘스탄틴
Vacheron Constantin

예술가의 솜씨는
기술의 영향을 받지 않는다

종교개혁이 촉발한 시계 혁명

....

스위스 남서쪽에 있는 제네바는 16세기 유럽에서 일어났던 종교
개혁의 중심지다. 가톨릭의 수도普都가 로마라면, 개신교의 주도主都
는 제네바다. 마르틴 루터Martin Luther와 함께 종교개혁을 이끈 장 칼
뱅Jean Calvin이 제네바를 무대로 활동했기 때문이다. 그래서 제네바
를 'Protestant Rome'이라고도 한다. 프랑스의 루이 14세가 개신교
를 탄압하면서 많은 위그노Huguenot들이 프랑스를 떠나 제네바에
정착했다. 위그노는 칼뱅을 따르는 개신교 신자들을 말한다. 그들
은 대개 직조, 염색, 인쇄, 시계 제품을 만드는 장인이거나 거래하
는 상인이었다.

중세 때부터 제네바는 사치스러운 귀금속이나 보석을 가공
하는 기술로 유명했다. 그러나 칼뱅을 따르는 위그노들이 청교도

| 18세기 캐비노티에 드로잉, 크리스토프 프랑수아 폰 치글러(1879)

의 금욕과 절제하는 삶을 따르면서 금세공사Goldsmith들의 생계
가 어려워졌다. 결국 그들은 위그노와 협력하여 시계 제작으로 직
업을 바꾸었다. 종교개혁이 제네바를 중심으로 하는 스위스의 시
계 산업을 예술의 경지로 끌어 올린 셈이다. 당시 시계 기술 장인
Master을 '캐비노티에Cabinotier'라 불렀다. 그들은 매우 작고 정밀한
부품을 갈아 끼우고 재깍거리는 소리를 확인하기 위해 가장 밝고
조용한 옥탑방Cabinet에서 일했기 때문이다.

스위스가 시계에서 앞선 이유

....

장 마크 바쉐론Jean-Marc Vacheron은 당시 프랑스에서 제네바로 이주

장 마크 바쉐론(1731~1805)

장 마크 바쉐론의 첫 작품인 은시계
(1755)

한 직조공의 막내아들이다. 그는 시계 케이스를 조립하거나 공구를 만드는 형들과 달리 시계 장인이 되기 위해 14세에 시계 길드Guild를 찾아가 수습 생활을 시작했다. 장인이 되려면 수습 생활 5년을 마친 뒤 직공으로 3년 이내에 자신의 작품Master Piece을 제출해 합격해야 한다. 그렇지 않으면 평생 직공으로 살아야 하고, 장인이 되면 길드에 가입해 자신의 공방을 차릴 수 있다. 장 마크는 에나멜 숫자판이 들어 있는 은시계를 출품해 장인으로 인정받은 뒤, 24세에 공방을 열고 수습생을 받았다. 1755년, 시계 제조에서 가장 오랜 역사를 자랑하는 바쉐론 콘스탄틴Vacheron Constantin이 시작되는 순간이다.

기계식 시계는 시침과 분침으로 시각을 가리키는 장치 Timepiece와, 날짜나 요일을 알려주거나 시간을 재거나 태엽을 감는 나머지 장치Complication로 구성된다. 기능이 많을수록 구성이 복잡해져 시계를 설계, 제작, 조립, 수리하기가 어렵다. 날짜 표시와 시간 측정 기능을 가진 단순한 시계도 부품이 250개에 이르고, 알림이나 영구 달력 같은 고급 기능을 몇 가지 추가하면 들어가는 부품이 1천 개가 넘는다. 한정된 공간 안에 기능을 얼마나 더 많이 집어넣느냐가 캐비노티에의 자존심이었다. 처음엔 단순 부품 제작에 머물던 장 마크는 1770년 나머지 장치Complication를 고안하기 시작했고, 9년 뒤 완제품 시계를 독자적으로 설계하기 시작했다.

18세기 말 제네바에서는 시계 하나를 제작하는 데 거의 서른 가지 분야의 전문가 집단이 필요했다. 용수철, 쇠사슬, 태엽 같은 정밀 부품을 만드는 집단, 시각 장치를 하나의 무브먼트Movement로 조립하는 집단, 금속 부품에 홈을 내거나Engraving, 시계판에 에나멜을 입히거나Enameling, 시계 케이스를 도금하는Gilding 집단 등등이다. 각 집단은 최고의 전문가인 장인의 지휘 아래 직공 몇 명으로 구성된다. 상인은 이들 장인에게 재료와 품삯을 대고 생산한 제품을 가져다 팔곤 했다. 이를 선대제先貸制, Putting-out System라고 한다. 스위스의 시계 산업이 세계 최고의 품질을 자랑하게 된 것은 이처럼 생산과 유통을 잘게 분업해 장인과 상인이 각자의 영역에서 기술 개발과 판매 확대에 전념할 수 있었기 때문이다.

부품 표준화로 혁신의 선두에

....

1785년 장 마크의 아들 아브라함Abraham이 경영을 물려받고, 1810년 손자 자크 바르텔레미Jaques-Barthélemy가 바쉐론의 가업을 이어

갔다. 바쉐론은 다른 공방을 인수해 덩치를 키웠지만, 바르텔레미는 공방만으로는 가업이 발전하기 어렵다고 판단해 1819년 유능한 상인 프랑수아 콘스탄틴François Constantin과 손잡고 회사 이름을 '바쉐론 콘스탄틴'으로 바꾸었다. 기술과 자본의 결합이다. 프랑스와 이탈리아의 왕족에게 시계를 납품하던 바쉐론은 이때부터 미국과 캐나다에 시계를 수출하면서 세계적인 브랜드로 발돋움하기 시작했다. 동업에 합의한 뒤 콘스탄틴은 바르텔레미에게 "가능하다면 더 잘하라. 그것은 언제나 가능하다"[31]라는 편지를 보냈다. 이 문구는 지금까지 200년 가까운 세월을 이어온 바쉐론 콘스탄틴의 슬로건이다.

수작업으로 만든 시계는 부품이 고장 나면 수리하기가 쉽지 않다. 부품이 표준화되지 않아 대체할 재고도 없고, 새로 만들기도 어렵기 때문이다. 특히 정밀 부품이 많은 값비싼 제품일수록 빨리 고쳐달라는 고객의 요구에 바로 대응하기가 난감했다. 바쉐론 콘스탄틴이 영입한 기계의 명인 조르주 오귀스트 레쇼Georges-Auguste Leschot는 1839년 부품의 크기와 모양을 모두 똑같이 만들 수 있는 장치인 팬토그래프Pantograph를 발명했다. 평행사변형 꼴로 연결된 막대 네 개를 움직여 닮은꼴을 만드는 장치다. 부품의 규격을 일정하게 관리하자 정밀도와 생산성이 높아지고 분업이 강화됐다. 바쉐론 콘스탄틴은 이 기술로 한 발짝 더 앞서가기 시작했다.

당시 기계식 시계는 하루에도 몇 분씩 오차가 생겨 정오마다 해시계에 맞춰 시곗바늘을 조정해야 했다. 팬토그래프로 톱니바

---

31   Do better if possible and that is always possible.

팬토그래프(1841)

퀴의 크기와 배열을 일정하게 관리하면서 초침, 분침, 시침의 톱니
바퀴가 더 규칙적으로 돌아가기 시작했다. 톱니바퀴 덕에 탈진기脫
進機, Balance spring[32]가 시간의 흐름을 일정한 간격으로 표시할 수 있
게 됐다. 재깍재깍 소리가 심장박동처럼 기계에 생명을 불어넣은
것이다. 방금 조립한 시계에서 울리는 박동을 확인하는 캐비노티에
는 어떤 희열을 느낄까? 톱니바퀴에 동력을 공급하는 태엽胎葉, Spiral
spring을 중심으로 탈진기와 시곗바늘 등등 시각을 가리키는 부품
을 모아 조립한 것을 무브먼트Movement라고 한다. 이때부터 바쉐론
콘스탄틴은 다른 시계 제조업체에 무브먼트를 공급하기도 했다.

---

32   진자(振子) 따위를 이용하여 속도를 조절하고, 일정한 시간 간격으로 톱니바퀴를
      한 이씩 회전시키는 장치.

다 같은 금속이지만 시곗바늘, 톱니바퀴, 태엽, 케이스는 기능이 다른 만큼 형태나 특성이 다르다. 시곗바늘은 가벼워야 하고, 톱니바퀴는 닳지 않아야 하며, 태엽은 탄성이 좋아야 하고, 케이스는 광택이 있어야 한다. 가장 알맞은 재료를 선택하고 정교하게 제조할 수 있어야 한다. 광석을 녹여 원하는 쇠붙이를 뽑아내는 야금Metallurgy 기술이 필요하다. 또 톱니를 줄로 정교하게 다듬는Filing 기술, 케이스를 평평하게 깎거나Milling 도금하는Gilding 기술, 금속 표면에 홈을 내거나Engraving 무늬를 넣는 가공Fabrication, 에나멜을 입히거나Enameling 보석을 박는Gem Setting 기술 등등 바쉐론 콘스탄틴이 선도한 정밀 기술만 보아도 그들이 시계 산업을 선도했다는 걸 알 수 있다.

기술 혁신이 드러내는 자신감

시계에 시, 분, 초만 나오면 얼마나 단조로운가. 캐비노티에들은 시각 장치를 기본으로 다른 기능을 추가하기 시작했다. 월, 일, 요일을 표시하는 달력Full Calendar, 윤년까지 고려한 영구 달력Perpetual Calendar, 달의 모양을 보여주는 장치Moon Phase, 시간을 재는 스톱워치Chronograph, 시간을 나누어 재는 스플리트Split, 시곗바늘을 '0'으로 돌리는 플라이백Flyback, 숫자판이 돌면서 시각을 알리는 점핑 아워Jumping Hour, 속도를 재는 타키미터Tachymeter, 중력의 오차마저 보정하는 투르비용Tourbillion 등등 작고 납작한 시계 속에 도대체 얼마나 복잡하고 정밀한 시스템이 돌아가고 있는지 그저 감탄할 수

바쉐론 콘스탄틴 스켈레톤   몰티즈 크로스 문양

밖에 없다. 태양계의 공전과 자전은 물론 우주의 작동까지 정밀하
게 구현한 듯하다.

　　노출은 몸매가 좋은 사람들이 부리는 자신감의 표현이다. 시
계의 속을 훤히 보여주는 스켈레톤Skeleton 양식은 기술과 디자인에
자신 있는 캐비노티에만이 도전하는 영역이다. 요즘으로 치면 속
이 다 보이는 누드 시계다. 톱니바퀴가 돌아가는 내부가 보이는 스
켈레톤 시계는 바쉐론 콘스탄틴의 자랑거리다. 시계가 재깍거리는
소리는 90°씩 돌면서 태엽에 걸리는 장력Tension을 시곗바늘의 톱니
바퀴에 규칙적으로 전달하는 부품에서 난다. 화살촉 네 개를 십자
가 형태로 모아놓은 듯한 '몰티즈 크로스Maltese Cross'다. 십자군 원
정에서 지중해 남부에 있는 몰타Malta섬을 중심으로 활동하던 기
사단Knights of Malta의 문장紋章을 닮았다. 바쉐론 콘스탄틴은 이 몰
티즈 크로스를 회사의 상징으로 삼았다.

시간의 가치를 담은 시계

....

기계식 시계는 해와 달과 별의 움직임을 기계로 재현한 것이다. 천체의 움직임에서 발견한 주기를 기계로 구현하여 시간의 흐름을 눈이나 귀로 파악할 수 있게 만든 것이다. 따라서 시계를 만들려면 천문학, 수학, 철학, 기계에 관한 해박한 지식을 갖춰야 했다. 갈릴레오 갈릴레이Galileo Galilei는 1582년 피사의 성당에서 진자振子는 무게나 진폭에 관계없이 일정한 주기로 흔들린다는 것을 발견했다. 진자의 등시성等時性이다. 이 원리를 토대로 크리스티앙 호이겐스 Christiaan Huygens와 로버트 훅Robert Hooke이 작은 진자라고 할 수 있는 탈진기를 각자 발명해 휴대용 시계를 만들기도 했다. 18세기 계몽주의 사상가인 장 자크 루소Jean Jacques Rousseau는 아버지가 제네바에 정착한 캐비노티에였고, 볼테르Voltaire는 제네바에 머물면서 캐비노티에와 자주 교류했다. 영국의 진화 생물학자인 리처드 도킨스Richard Dawkins는 만약 생물의 진화 과정에 설계자가 있다면 그는 '눈먼 시계공The Blind Watchmaker'일 것이라고 주장했다. 시계공을 조물주造物主에 비유한 것이다. 캐비노티에는 전문 기술을 가진 장인이지만, 여느 장인과 달리 수학, 과학, 철학의 영역에서 세계관을 공유하는 상류 계층으로 대접받았다.

기술의 정점에 도달하고 나면 무엇을 표현할 수 있을까? 바쉐론 콘스탄틴은 '기술을 뛰어넘는 예술'이라는 뜻인 메티에 다르 Métier d'Art 컬렉션을 발표했다. 박물관이 소장한 원시인의 마스크를 시계판에 재현한 '레 마스크Les Masques', 송松, 죽竹, 매梅, 세한삼우歲寒三友를 옻칠로 그린 '라 생볼리크 데 라크La Symbolique de Laque', 중

메티에 다르 컬렉션 중 하나미의 봄 ㅣ 위대한 탐험가(2008)

국 명나라의 정화鄭和를 비롯해 마젤란, 마르코 폴로, 콜럼버스까지 총 네 명에게 바치는 '위대한 탐험가Tribute to Great Explorers', 파리 오페라하우스의 천장을 장식한 '샤갈과 파리 오페라Chagal and Opera de Paris' 같은 컬렉션이 여기 속한다. 예술이 단순히 아름다운 장식에 그치지 않고, 기술의 정점에 올라야 한다는 자부심을 드러낸다.

가격이 무려 1천100만 달러(120억 원)인 세상에서 가장 비싼 시계 칼리스타Kallista, 한때 가장 얇았던(5.25mm) 기계식 시계 패트리모니Patrimony, 나폴레옹 황제가 즐겨 차던 시계, 영국의 엘리자베스 여왕이 1953년 대관식에서 받은 선물, 아침 여섯 시, 정오, 저녁 여섯 시에 삼종기도三鍾祈禱를 바치기 위해 교황 비오 11세가 확인하던 시계, 사랑을 위해 영국 왕위까지 포기한 멋쟁이 윈저 공이 차던 시계, 시계 광狂이었던 이집트의 마지막 왕 파루크 1세가 분해하지 않은 시계, 유럽의 대사들이 중국 황실에 바칠 때 고르던 예물, 조선의 마지막 왕 순종이 아버지 고종에게 문안 전화할 시간을

샤갈과 파리 오페라 시리즈   칼리스타

확인하던 시계까지. 바쉐론 콘스탄틴의 자랑은 그치질 않는다.

시계의 본질은 시간이다. 바쉐론 콘스탄틴의 자랑은 시간 그
자체이자 역사다. 장 마크 바쉐론이 1755년 9월 17일 제네바의 시
테Cite에 차린 공방에서 처음 재깍거리기 시작한 바쉐론 콘스탄틴
의 역사가 2015년에 260주년을 맞았다. 260년 동안 단 한 번도 시
곗바늘 소리가 멈춘 적 없다는 게 바쉐론 콘스탄틴의 가장 큰 자
랑이다.[33] 제1, 2차 세계대전으로 유럽이 온통 전쟁이 휩싸여도, 값
싼 일본제 쿼츠 시계로 경영이 휘청거려도 바쉐론 콘스탄틴의 시
계(공장)는 멈추지 않았다. '메티에 다르'다. 바쉐론 콘스탄틴의 광
고 문구인 "전통 있는 예술가의 솜씨는 기술의 변화에 영향을 받
지 않는다"는 게 그들의 자존심이다. 바쉐론 콘스탄틴은 고객의 손
목에 시계의 역사를 전시한다.

---

[33]   Founded in 1755, on an island in lake Geneva, and still there.

9
알레시
ALESSI

행복한 가족은
이야기를 좋아한다

기술 혁신으로 폭락한 알루미늄의 가치

....

19세기 중반, 프랑스가 낳은 '위대한 삼촌'의 작은 조카 나폴레옹 3세는 새로 장만한 최고급 식기를 자랑하기 위해 특별 연회를 자주 열고 싶어 했다. 황제는 일반 연회에서는 금과 은으로 된 식기를, 특별 연회에서는 알루미늄으로 만든 식기를 내놓도록 했다. 알루미늄 식기가 모자랄 경우 신분이 낮은 왕족이나 귀족은 금이나 은으로 된 식기로 대접받아야 하는 수모를 겪었다. 황제는 반짝이는 알루미늄 단추가 달린 제복을 즐겨 입었고, 어린 아들이 흔드는 알루미늄 딸랑이를 좋아했다. 알루미늄으로 근위대의 문장이나 사열용 투구를 만든 것도 모자라 군대를 전부 알루미늄으로 무장시킬 계획을 세우고 연구를 지원했지만, 생산량이 모자라 근위대 간부 몇 명에게 알루미늄 투구를 씌우는 것으로 만족해야 했다.

19세기 초 영국의 험프리 데이비Humprey Davy는 백반KAl(SO$_4$)$_2$ ·12H$_2$O에 금속 성분이 들어 있다는 걸 알고, 백반 Alum의 라틴어 Alumen을 따서 알루뮴Alumium이라 불렀다. 1827년 독일의 프리드리히 뵐러Friedrich Wöhler는 염화알루미늄AlCl$_3$을 칼륨K과 반응시켜 알루미늄을 분리했고, 1854년 프랑스의 앙리 드빌Henri Deville은 칼륨 대신 나트륨Na을 써서, 같은 해 독일의 로베르트 분젠Robert Bunsen은 염화알루미나나트륨NaAlCl$_4$을 전기분해해서 알루미늄을 추출해 냈다. 나폴레옹 3세의 후원을 받은 드빌은 당시 '찰흙에서 얻은 은Silver from clay'으로 알려진 알루미늄으로 식기를 만들어 이듬해 파리에서 열린 만국박람회에 출품하기도 했다. 이어 1886년 미국의 찰스 홀Charles Hall과 프랑스의 폴 에루Paul Héroult가 각각 대량생산 공정을 개발하면서 황실에서 금보다 귀하게 대접받던 알루미늄의 가치가 1,000분의 1 수준으로 떨어져 대중의 생활 속으로 들어오게 됐다.

'가난한 자의 은'으로 시작한 혁신

············

스위스와 국경을 맞대고 있는 이탈리아 마터호른산 동쪽의 벌바노-쿠지오-오솔라Verbano-Cusio-Ossola 지역은 18세기부터 기계 금속 분야 장인들이 모여 살던 곳이다. 독일에서 돌아온 카를로 칼데로니Carlo Calderoni는 1851년 주석 합금Pewter, 함석Tin Plate, 놋쇠Brass, 양은洋銀, Nickel Silver 따위로 가정용품을 만드는 공방을 차렸다. 이어 발다사레 카네Baldassarre Cane가 프랑스에서 압축 탄산수를 담는 병

조반니 알레시

Soda Siphon 제조 기술을 배워 와 주석, 납, 놋쇠, 알루미늄으로 각
종 용기를 만들었고, 그 기술을 배우려는 견습생들이 몰려들었다.
20세기 들어 이 지역은 라고스티나Lagostina, 지르미Girmi, 비알레띠
Bialetti 같은 유명한 가정용품 브랜드를 탄생시킨 장인들을 잇달아
배출하기 시작했다.

　　알레시Alessi도 여기서 출발했다. 알레시 가문의 조상 중 한
사람이 17세기 독일에서 주석 합금을 다루는 기술을 배우고 돌아
와 이 지역에 금속 세공 공방을 차렸다. 당시 주석 합금은 주석에
납, 구리, 아연, 안티몬 같은 금속을 섞은 것으로 광택이 좋고 녹이
슬지 않으며 보온 효과까지 있어 그릇이나 장식품을 만드는 재료
로 인기가 높았다. 귀족은 은으로 만든 식기를 사용했지만, 평민은
주석 합금으로 만든 그릇을 즐겨 썼다. 그래서 주석 합금은 '가난
한 자의 은Poorman's Silver'이라 불렸다.

알레시는 오메냐 지역에 작은 공방을 열었다.(1921)

놋쇠나 주석 합금으로 예쁜 문고리 장식을 만들던 조반니 알
레시Giovanni Alessi는 1921년 동생과 함께 오르타Orta호숫가 오메냐
Omegna 지역에 '오메냐의 알레시 형제들Fratelli Alessi Omegna'이라는
공방을 열었다. 손재주가 좋고 마무리가 깔끔한 조반니는 품질 좋
은 식기 세트로 금세 인기를 끌었다. 특히 양은으로 만든 찻잔 세
트(1921), 놋쇠에 니켈을 입힌 술병 받침대(1926), 양은으로 만든 치즈
쟁반 세트(1929)는 다른 지방에서 앞다투어 주문할 정도였다. 조반
니는 처음에 구리, 주석, 놋쇠, 양은, 알루미늄 같은 단순한 재료를
사용하다가 기술을 익히면서 니켈, 크롬, 은을 섞어 합금을 만들거
나 도금을 입힌 고급 주방용품을 내놓았다. 1924년 조반니는 회사
의 이름을 '알레시 형제들'이라는 뜻의 ALFRAAlessi Fratelli로 바꾸
고 주문 제작보다 자체 제작 상품을 늘리기 시작했다.

금속공예에서 이끌어낸 디자인 혁신

....

여기서 잠깐, 부엌에서 도대체 어떤 물건들이 쓰이는지 생각해보자. 부엌용품은 우리가 얼핏 떠올리는 것보다 훨씬 다양하다. 조리 과정이 그만큼 섬세하고 복잡하기 때문이다. 깎고 썰고 자르고 벗기고 파고 다듬고 찧고 빻고 갈고 으깨고 바르고 붓고 따르고 젓고 섞고 다지고 절이고 뿌리고 비비면서 크기나 조성을 바꾸는 작업과, 끓이고 데치고 삶고 찌고 졸이고 굽고 그을리고 지지고 볶고 튀기면서 열로 익히는 정교한 작업이다.

발명품을 기획하는 연구소이자 전문 인력을 양성하는 사관학교라고도 할 수 있는 조반니의 공방은 금속으로 된 다양한 주방용품을 개발하고 기술자를 훈련하는 중심지Officina로 자리 잡았다. 조반니는 선반旋盤[34]을 다루는 기술이 뛰어났고, 조상에게 물려받은 판금 기술에 정통했으며 지역에서 유명한 주조, 단조, 도금 기술을 두루 섭렵하고 있었기 때문이다. 그는 1933년 뜨거운 수증기의 압력으로 커피Espresso를 추출하는 팔각 알루미늄 주전자인 '모카 익스프레스Moka Express'를 발명한 알폰소 비알레띠Alfonso Bialetti를 사돈으로 맞아 취사용품 관련 기술도 확보했다. 알폰소 비알레띠는 1919년 커피메이커로 유명한 명품 브랜드인 비알레띠를 창업했다.

조반니 알레시의 장남 카를로Carlo와 알폰소 비알레띠의 딸 젤마나의 결혼은 당시 최고의 명품을 자랑하는 장인 집안 간의

---

34   금속, 나무, 돌 따위를 회전시켜서 갈거나 파내거나 도려내는 데 쓰는 공작 기계.

모카 익스프레스 에스프레소 메이커

백년가약이었다. 지금도 알레시와 비알레띠는 이탈리아가 내세우는 세계적인 기술 명품의 자존심으로 꼽힌다. 산업디자인을 공부한 카를로는 아버지가 닦아놓은 품질에 획기적인 디자인을 입혔다. 제2차 세계대전에서 기계 부품이나 금속 장식을 이탈리아군에 납품했는데, 전쟁이 끝나자 미군이 놋쇠 국자 같은 금속 식기를 대량 주문했다. 카를로는 선반으로 철을 하나하나 깎는 절삭 공정을 압출 성형하는 공정으로 바꾸어 제품을 대량 생산할 수 있게 혁신했다.

　누가 감히 집 안에 포탄을 들여놓을 상상을 했을까? 그것도 식탁에! 게다가 제2차 세계대전에서 연합군에게 엄청난 폭탄 세례를 받고 항복한 이탈리아인의 집 안에! 포탄이라면 넌더리를 칠 텐데…. 카를로는 제2차 세계대전이 끝난 1945년 포탄의 곡선을 그대로 살린 주전자 세트를 내놓았다. 바로 '봄베Bombé' 세트다. 봄베

봄베 티 포트 세트

와이어 시트러스 바스켓
(1952)

는 이탈리아어로 폭탄Bomb을 뜻한다. 처가인 비알레띠 가문의 취사용품 기술을 그대로 활용해 제작한 것이다. 요리를 좋아하는 아내 젤마나를 생각하며 만들었을 것이다. 주전자와 찻잔의 재질과 곡선이 부드럽고 푸근하며 넉넉한 아내의 정情을 떠오르게 만든다. 알레시가 최고의 작품으로 꼽는 봄베 세트는 뉴욕현대미술관에 영구 전시될 정도로 기념비적인 제품, 아니 예술품으로까지 인정받았다.

　　과일 바구니에 담긴 상한 과일을 한눈에 골라내긴 어렵다. 오렌지, 귤, 레몬, 라임처럼 부드러운 감귤류Citrus는 쉽게 멍들거나 상하기 쉽지만 가볍기 때문에 같은 감귤류끼리는 얼마든지 쌓아놓을 수 있다. 카를로의 동생 에토레Ettore는 1952년 철사처럼 가늘고 길게 뽑은 스테인리스강을 성긴 그물처럼 엮어 감귤류를 담는 과일 바구니로 만들었다. '와이어 시트러스 바스켓Wire Citrus Basket' 시리즈다. 사물에 대한 세심한 관찰과 스테인리스강을 능숙하게 다루는 기술 덕분에 탄생한 디자인이다. 에토레는 알레시의 금속공예를 예술의 경지로 끌어 올렸다는 평가를 받는다.

이야기를 부르는 동화 같은 디자인

....

창업주 조반니가 가정용품을 만드는 데 필요한 금속 기술을 융합해 품질을 완성하고, 아들 카를로와 에토레가 금속을 떡 주무르듯 만지면서 디자인 원형을 창조했다면, 손자 알프레도Alfredo는 세계적인 디자이너에게 주문해 대중에게 친근히 다가갈 수 있는 제품을 만들어냈다. 알레시의 제품을 "매일 만나는 이탈리아의 예술Italian Art Everyday"[35]로 바꿔놓은 것이다. 그는 아버지 카를로가 양성해온 내부 디자이너에 의존하지 않고, 에토레 소트사스Ettore Sottsass나 알레산드로 멘디니Alessandro Mendini 같은 세계적으로 유명한 디자이너와 건축가에게 제품을 의뢰했다. 그는 창조적이고 직관적인 디자인으로 알레시를 세계적인 디자인 회사로 키워냈다. 알레시는 디자이너가 없는 디자인 회사이자 '시적인 가치Poetic Value'를 추구하는 '미학의 공장Aesthetic Factory'이다.

양념통이 예쁘면 음식의 맛과 향이 강해질까? 자꾸자꾸 양념을 뿌리고 싶어질 것 같다. 이탈리아 디자인의 대부로 꼽히는 에토레 소트사스가 1978년 발표한 '5070 양념통 세트'는 '식탁 위의

---

35 알레시의 슬로건.

5070 양념통 세트 　　　　　 지로톤도 컬렉션

작은 이슬람 사원Little Table-Top Mosque'이라 불릴 정도로 앙증맞고 귀엽다. 금속과 유리, 직선과 곡선을 절묘하게 어우른 모습은 양념통의 대표적인 모델이 되었다. 스테파노 조반노니Stefano Giovannoni와 귀도 벤투리니Guido Venturini가 만든 지로톤도Girotondo 컬렉션은 어린 시절 추억을 떠올리게 한다. 나란히 늘어선 아이들이 강강술래 하는 듯한 무늬가 재미있다. 지로톤도는 이탈리아어로 늘어서서 손을 잡고 빙빙 도는 모습을 뜻한다.

주전자일까, 장난감일까? '멜로디 주전자Melody Kettle 9091'는 물이 끓는 정도에 따라 미, 시, 도 세 가지의 음을 낸다. 소리만 들어도 물이 어느 정도 끓었는지 알 수 있다. IBM의 노트북 씽크패드를 디자인한 리차드 사퍼Richard Sapper의 작품이다. 그가 1978년 발표한 '9090 에스프레소 메이커 시리즈'는 간편하고 깔끔한 디자인으로 뉴욕현대미술관에 전시됐다. 건축가 마이클 그레이브스Michael Graves는 '휘파람새 주전자Bird Kettle 9093'를 선보였다. 물이 끓

멜로디 주전자 9091 | 안나 G 오프너 | 알레산드로 M 오프너

으면 주전자가 휘파람을 분다. 불에 올려놓은 주전자를 깜박 잊지 않도록 알려주는 깜찍한 배려다. 그는 이 주전자 말고도 깜찍한 토스터기, 찻잔 세트, 수도꼭지를 만들어냈다.

와인을 마시기 전의 설렘을 춤으로 보여주는 걸까? 발레리나가 두 팔로 허공에 반원을 그리며 우아하게 코르크 마개를 뽑아낸다. 와인을 마시기 전의 설렘을 춤으로 보여주는 것만 같은 와인 오프너는 알레산드로 멘디니가 1994년 무용가인 부인 안나Anna가 기지개를 켜는 모습을 보고 만든 것이다. '안나 G'라 불리는 이 오프너는 파트너인 '알레산드로 M'도 있다. 알레산드로 본인을 상징하는 와인 오프너다. 안나 G와 알레산드로 M은 와인 오프너 외에도 와인 마개, 샴페인 마개, 후추갈이, 볼펜, 타이머로 만들어져 세계적으로 1분에 하나씩 팔렸다는 전설적인 기록을 갖고 있다.

이건 또 무엇을 하는 데 쓰는 물건일까? 우주에서 날아온 정체불명의 우주선 같기도 하고, 얼굴이 길고 꽁지가 뾰족한 문어 같

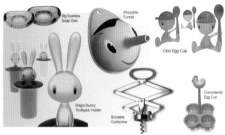

주시 살리프   다양한 디자인의 알레시 제품들

기도 하고, 독침으로 먹이를 노리는 독거미 같기도 하고…. 1990년 필립 스탁Philippe Starck이 오징어를 보고 디자인한 '주시 살리프Juicy Salif'는 괴상하고 멋진 외형 덕분에 레몬즙을 짜는 본래 기능보다 오히려 인테리어 소품으로 인기가 더 높다. 필립 스탁은 "레몬을 더 많이 짜기보다 장모가 갓 결혼한 사위에게 던질 이야깃거리를 제공하는 게 목적"이라고 능청을 떤다.

　　정말로 알레시의 제품을 보면 뭔가 이야기하고 싶어진다. 이빨을 드러내고 웃는 깜찍한 도깨비(병따개), 새침 떼고 앉아 있는 앵무새(와인 오프너), 코가 긴 피노키오(깔때기), 알을 낳고 홰에 올라간 암탉(달걀 통), 토끼가 나오는 마법의 모자(이쑤시개 통), 온몸을 핀과 클립으로 무장한 고슴도치(클립 홀더), 넓적한 주둥이로 옷감을 다듬는 펭귄(보풀제거기), 우람한 가슴을 과시하는 근육 남(화장지 걸이), 물에 빠져 살려달라고 익살을 떠는 자살 남(욕조 마개), 화분에서 길게 돋아난 새싹(변기 청소기)…. 모두 'FFFFamily Follows Fiction' 프로젝트라는 이름으로 만든 제품들이다.

    장난스럽다고 할까, 기발하다고 할까? 장난스럽고 기발한 알레시의 제품들은 까맣게 잊어버렸던 해학의 영역을 불쑥 건드려 뜻밖의 감동을 이끌어낸다. 어릴 때부터 밥상머리에서 '피노키오'나 '개구리 신부' 같은 동화를 소재로 이야기꽃을 피우던 알레시 집안 풍경이 떠오른다. 할아버지 조반니가 제페토 할아버지처럼 나무나 금속 조각으로 익살스런 인형을 만들어 오면, 아빠 카를로와 엄마 젤마나가 번갈아 이야기를 짓고 에토레 삼촌이 그림을 그리고 꼬마 알프레도가 깔깔거리며 웃는 장면이다.

    제품들은 집 안 구석구석마다 피운 이야기꽃 같다. 알레시는 스스로를 "꿈 공장Dream Factory"이라 부른다. 그들이 공장에서 제조하는 게 정말 '꿈'일지도 모른다. 가족끼리 즐겁게 대화할 수 있는 다양한 도구를 제공하기 때문이다. 알레시의 제품들은 부드러운 재료를 골라 매끄러운 곡선으로 다듬고, 밝고 맑은 색상으로 칠한 유쾌하고 낙천적인 '꿈'이다. 그 '꿈'을 마주하면 제페토 할아버지의 공방에 들어온 듯 피노키오가 말을 한다. 거짓말을 하면 코가 길어진다. 개구리는 노래를 하다가 마법이 풀려 공주로 변한다. 기발하고 친근하며 장난과 익살로 가득한 마법과 동화의 세상이다.

10

에르메스
Hermès

말은 광고를 볼 줄
모른다

말과 마차를 꾸미는 이유

....

헝가리Hungary는 기마민족인 훈족Hun이 세운 나라Gary다. 15세기 헝
가리에서는 왕이 편안하게 다닐 수 있도록 바퀴가 네 개 달린 객
차에 크고 호화로운 좌석을 얹어 만든 마차가 등장했다. 코치Coach
다. 부다페스트와 빈을 연결하고 우편 마차가 지나다니던 헝가리
북부의 도시 코치Kocs에서 유행했기 때문에 붙은 이름이다. 코치
는 16세기에 유럽으로 확산된 뒤 17세기 들어 왕족과 귀족들이 타
고 다니는 고급 교통수단이 되었다. 바퀴로 객차의 무게를 지탱하
고 동력을 전달하는 차축이나, 바퀴를 땅에 닿게 하고 충격을 줄
여주는 차대 버팀 장치suspension 등 훗날 자동차용으로 발전한 장
치들이 잇달아 개발됐다.

　나들이가 잦아지면서 왕족과 귀족들은 말과 마차를 꾸미기

시작했다. 요즘 사람들이 자동차를 손질하고 치장하는 것과 마찬가지로 당시 귀족들도 말과 마차를 매만지고 장식했다. 말을 타거나 부릴 때 사용하는 재갈, 고삐, 굴레, 채찍이 날렵해지고, 말을 탈 때 사용하는 안장, 발걸이(등자), 언치, 다래, 뱃대끈, 껑거리끈, 가슴걸이가 화려해졌으며, 짐을 실을 때 필요한 길마와 껑거리막대도 튼튼해졌다. 귀족들은 가슴걸이에 딸랑거리는 작은 말종馬鐸이나 말방울馬鈴을 달았고, 장교들은 말에게 위엄 있는 투구馬冑를 씌우거나 갑옷馬甲을 입혔다.

마차도 종류가 다양해졌다. 말, 바퀴, 승객의 수나 용도에 따라 모양도 다르고 이름도 다르다. 짐마차 Cart, 전투·경주용 전차 Chariot, 농장의 짐마차 Wagon, 말 한 필이 끄는 2인승 마차 Hansom, 말 한 필이 끄는 포장마차 Cabriolet, 2인승 쌍두마차 Curricle, 2인승 이륜마차 Coupe, 2인승 포장마차 Caleche, 4인승 사륜 포장마차 Barouche, 대형 마차 Coach, 우편 마차 Mailcoach, 역마차 Stagecoach, 개인 마차 Cab, 전세 마차 Hackney, 합승 마차 Fiacre…. 요즘 자동차만큼이나 종류가 다양하다. Wagon, Cab, Coupe는 자동차를 가리키는 용어로 의미가 확산됐다. 당시 파리의 왕족과 귀족은 물론 신흥 부자들은 경쟁하듯 고급 마차를 몇 대씩 보유했다.

한 땀 한 땀 꿰맨 기술 혁신

············

에르메스의 창업주인 티에리 에르메스Thierry Hermès의 삶은 프랑스

티에리 에르메스(1801~1878)

의 대문호인 빅토르 위고Victor-Marie Hugo의 생애와 겹친다. 둘 다 프
랑스혁명이 끝나고 나폴레옹 1세가 등장한 시기에 태어났으며, 루
이 필리프 공작이 왕으로 추대된 7월 혁명(1830)과 쫓겨난 2월 혁
명(1848)을 딛고 집권한 나폴레옹 3세가 퇴장한 시기에 죽었다. 왕
당파와 공화파가 번갈아 권력을 차지하면서 정치와 사회가 안정되
지 못하고 경제 상황도 엉망이었다. 불만이 극에 달한 시민들의 시
위와 봉기가 그칠 날이 없었다. 빅토르 위고는 당시 대중의 비참한
생활을 1862년 소설《레 미제라블Les Miserables》로 그려냈다.

　　티에리 에르메스는 1801년 독일 서부, 당시 프로이센의 공업
도시 크레펠트Krefeld에서 여관을 운영하던 프랑스인 아버지와 독
일인 어머니 사이에서 6남매의 막내로 태어났다. 당시 나폴레옹의
지배를 받으며 일어난 잦은 분쟁으로 혼란스러운 사회 상황과 더

불어 티에리는 전쟁과 질병으로 1821년에서 1828년 사이에 가족과 함께 파리로 건너온 것으로 보인다. 그는 어릴 때부터 부모가 운영하던 여관에서 말을 다루는 법을 배웠고, 비단이나 벨벳 같은 섬유공업이 발달했던 고향 크레펠트에서 살았던 덕에 직조織造에 대한 안목을 키울 수 있었다. 파리에 정착한 뒤 배운 가죽 다루는 기술에 자신의 직조 기술을 적용해 두꺼운 피륙처럼 부드럽고 조직이 치밀한 안장을 만드는 솜씨를 발휘했다.

꼼꼼했던 티에리는 가죽과 가죽을 겹쳐 잇는 박음질로 탁월한 역량을 자랑했다. 아마로 짠 실에 왁스를 먹인 뒤 실의 양쪽 끝에 바늘을 꿰어 바늘 두 개로 이중 박음질을 하는 것이다. 실을 겹쳐 가죽 두 장을 한 땀 한 땀 튼튼하게 이어 박는다. 실 하나가 끊어지더라도 다른 실 하나가 버틸 수 있다. 육중한 말의 격렬한 움

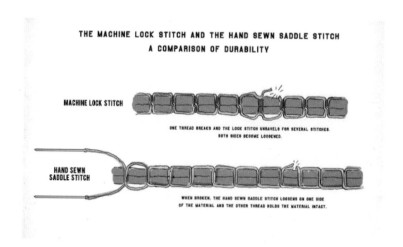

새들 스티치는 박음질이 이중으로 되어 있어 실 하나가 끊어져도 다른 실이 버텨주기 때문에 튼튼하다.

직임을 견딜 수 있는 유연하면서도 질긴 바느질이다. 가죽에 따라 다르지만 1인치(2.54cm)에 5~14번, 곧 한 땀을 2~5mm 간격으로 촘촘하게 누볐다. 이 '새들 스티치Saddle Stitch' 기법은 안장은 물론 가방, 장갑, 벨트 같은 에르메스의 모든 가죽 제품에 드러나는 특징이다. 티에리는 가죽을 자른 면을 왁스로 처리해 가죽이 찢어지지 않도록 처리했고, 실밥이 뜯어지거나 삐져나오지 않도록 깔끔하게 마무리했다.

왕가의 불행이 가져온 행운

···········

프랑스혁명으로 부르봉 왕가(1589~1814)가 몰락한 뒤 1830년 7월 혁명으로 집권한 루이 필리프Louis Philippe는 '시민의 왕'이라 불렸지만 프랑스의 마지막 왕이 되고 말았다. 1842년 왕위 계승자로 촉망받던 페르디난드Ferdinand 왕자가 사령관으로 근무하던 부대를 시찰하기 전 가족에게 작별 인사를 하러 갔다가 갑자기 말이 날뛰는 바람에 마차에서 떨어져 죽었다. 행차에 대비해 마부가 말을 씻긴 뒤 안장을 새로 얹었는데, 안장 바닥에 뭔가 뾰족한 게 튀어나와 말이 아파 날뛰었던 것이다. 분노한 왕과 대중의 집요한 추궁과 질책으로 당시 파리에서 마구馬具를 만들던 장인들은 큰 곤욕을 치러야 했다.

루이 필리프왕의 불행은 티에리에게 뜻하지 않은 기회로 다가왔다. 그것도 두 번씩이나. 1835년 왕이 파리의 마들렌 광장을 지날 때 공화당원들이 왕을 습격하면서 수십 명이 죽었다. 분노한 왕이 광장 주변을 단속하면서 붐비던 상권이 쪼그라들고 가게 임대료도 크게 떨어졌다. 가난했던 티에리는 2년 뒤 저렴한 가격으로 작은 가게를 얻어 안장과 마구를 제작하고 판매하기 시작했다. 상권 위축과 왕자의 죽음으로 선두 업체들이 파산하거나 위축된 반면 티에리의 가게는 오히려 진가를 발휘했다. 깔끔하면서도 질긴 새들 스티치의 품질을 인정받은 것이다. 그는 안장에 이어 굴레와 장화 같은 품목을 추가하고, 마차에 필요한 마구까지 만들어 승승 장구하기 시작했다.

고객은 사람이 아니라 말(馬)이다

....

파리에서 열린 만국박람회는 에르메스가 품질을 공식적으로 인정받은 무대였다. 1867년 티에리가 출품한 제품이 일등상을 받았고, 1878년 아들 샤를 에밀Charles-Émile도 일등상을 받았다. 이때부터 에르메스는 나폴레옹 3세와 러시아 황제 니콜라스 2세를 비롯한 유럽의 왕족과 귀족은 물론, 북아프리카와 미국에 이어 일본의 제후까지 고객으로 끌어들일 만큼 유명해졌다. 사업을 물려받은 샤를 에밀은 1880년 파리의 중심인 엘리제궁 부근으로 가게를 옮기면서 최고의 이웃을 만났다. 당시 최고급 마차를 만들어 왕실에 납품하던 뮐바허Mühlbacher의 가게 옆자리였던 것이다. 자동차와 자동차용품의 관계처럼 뮐바허와 에르메스는 찰떡궁합으로 발전했다. 뮐바허는 샤를 에밀의 막내아들 에밀 모리스Emile-Maurice의 대부가 되어 프랑스 왕실은 물론 러시아 시장을 개척하는 데 큰 도움을 쳤다.

정상에 머물 때가 가장 위험하다. 머지않아 자동차가 곧 마차를 추월할 것 같았다. 소심하고 우유부단한 장남 아돌프Adolph를 대신해 동생 에밀 모리스가 나섰다. 프랑스 기병에 공급하는 안장을 검사하는 일을 하던 그는 1914년 제1차 세계대전이 벌어지자 미국을 전격 방문했다. 안장을 만들 가죽을 구하기 위해서였지만, 사실은 미국의 자동차 산업을 둘러보기 위해서였다. 그는 '자동차왕'으로 불리는 헨리 포드를 만나 'Model T' 공장을 둘러보고 충격을 받았다. 컨베이어로 연결된 자동차 대량생산 시스템은 그야말로 신세계였다. 마차로는 도저히 따라잡을 수 없는 차원의 산업이었다.

에르메스의 고객은 사람이 아니다. 말馬이다. 말이 가장 만족하는 제품을 만드는 것이 에르메스의 사명이다. 말이 만족하면 그 주인도 행복할 것이다. 페르디난드 왕자의 낙마도 말이 불편했기 때문에 벌어진 사고다. 새들 스티치를 비롯한 에르메스의 모든 마구는 말이 가장 편안하도록 만든 제품이다. 에르메스는 결코 말을 버릴 수 없었다. 어릴 때부터 할아버지의 공방에서 말을 위해 일하던 최고의 장인들을 존경해온 에밀 모리스에게 컨베이어 벨트를 앞에 두고 단순 조립하는 대량생산 방식은 도저히 받아들일 수 없는 것이었다. 그는 대량생산 방식이 "에르메스에 맞지 않다"며 장인 중심의 전통적인 수공예 생산 방식을 고수하기로 결심했다.

사실 에밀 모리스가 혁신적인 영감을 받은 건 자동차가 아니라 자동차에 달린 지퍼였다. 캐딜락 컨버터블에서 캔버스 덮개를 열고 닫는 지퍼가 눈에 띈 것이다. 지퍼는 재봉틀을 개발한 일

라이어스 하우Elias Howe가 1851년 그 원리를 고안한 뒤, 휘트컴 저드슨Whitcomb Judson이 1893년 군화에 적용하고, 기데온 선드백Gideon Sundback이 1913년에 발명한 것이다. 에밀 모리스는 조지 프렌티스George Prentice에게 지퍼의 특허를 2년간 독점할 수 있는 권리를 얻은 뒤 새들 스티치처럼 우아하고 촘촘하게 누빌 수 있는 지퍼 'Hermes Fastener'를 개발해 가죽 제품에 달았다.

자동차가 늘어나면 자동차용 가죽 제품, 특히 자동차 여행용 가죽 제품이 필요할 것이다. 티에리가 새들 스티치로 꿰맨 마구를 만들었다면, 에밀 모리스는 지퍼를 단 가죽 용품을 제작했다. 가죽 제품을 새들 스티치로 꿰매 견고하게 만들고, 지퍼를 달아 실용성을 높였다. 지퍼는 가죽으로 만든 재킷, 코트, 지갑, 장갑을 쉽고 빠르게 열고 잠글 수 있어 순식간에 인기를 끌었다. 귀족들은 폴로Polo를 치거나 골프를 할 때 가죽 재킷을 즐겨 입었다. 에르메스가 1918년 처음 내놓은 지퍼 달린 가죽 재킷은 영국의 윈저 공이 걸치기도 했다. 에르메스의 공방은 코코 샤넬을 비롯한 패션 장인들이 지퍼 기술을 배우기 위해 북적였다.

지퍼는 가죽 가방에도 달렸다. 에르메스는 1892년 사냥용품을 담는 주머니에 끈을 달아 조일 수 있게 만든 가방 '싹 오타 크루와Sac haut à courroie, Bag High Belt'를 선보였다. 에르메스 백의 원형이다. 말을 탈 때 가방이 흔들리면 사람보다 말에게 불편하다. 에르메스에게는 말이 고객이기 때문이다. 1900년 에르메스는 아르헨티나 카우보이들이 가지고 다니던 안장 가방에서 영감을 얻어 안장에 달았다 뗄 수 있는 '오타 크루와'를 개발했다. 가죽가방은 말을 타는 상류층 남성들의 필수품이 되었다.

Hermes Fastener

삭 오타 크루와

여성의 불만에서 번진 혁신의 바람

....

역사는 여성의 불평에서 시작됐다. 에밀 모리스는 1922년 부인에게서 쓸 만한 가방이 없다는 잔소리를 듣고 여성용 가죽 가방을 처음으로 만들었다. 가죽으로 만든 첫 핸드백이다. 여기에 지퍼를 달아 '볼리드 백Bolide Bag'을 출시했다. Bolide는 '별똥처럼 빠른 자동차'라는 뜻이다. 별똥처럼 빠르게 열고 잠글 수 있는 볼리드백이 돌풍을 일으키자, 에르메스는 여성들의 불만에 더욱 귀를 기울였다. 1956년 모나코의 왕비 그레이스 켈리가 파파라치의 눈을 피하기 위해 임신한 배를 가렸던 '켈리 백Kelly Bag', 1984년 비행기 옆 좌석에 앉은 제인 버킨의 불평을 듣고 디자인한 '버킨 백Birkin Bag'도 모두 여성의 불만 사항에 착안해 만든 제품이다.

가죽 가방에 지퍼를 달자 놀라운 일들이 벌어졌다. 말을 타는 남성보다 자동차를 타는 여성들이 에르메스를 더 찾기 시작했다. 1937년 출시한 여성용 스카프 '카레Carre'도 선풍적인 인기를 끌었다. 나폴레옹의 기병들이 지도를 그린 목도리를 감고 다닌 것에 착안해 스카프에 마차, 안장, 재갈, 채찍 같은 그림을 날염으로 인쇄해 제작했다. 여성용 스카프에 왜 이런 무늬를 넣었을까? 1961년 에르메스가 발표한 여성용 향수의 이름은 '칼레쉬Caleche'다. '이륜마차'라는 뜻이다. 향수 뚜껑은 마치 승마 모자처럼 생겼다. 에르메스는 마구에서 출발해 지갑, 가방, 스카프, 넥타이, 허리띠, 장갑, 시계, 팔찌, 장신구 같은 '신대륙'으로 건너간 것이다. 지퍼가 에르메스에게 새로운 세상을 열어준 걸까?

152

볼리드 백

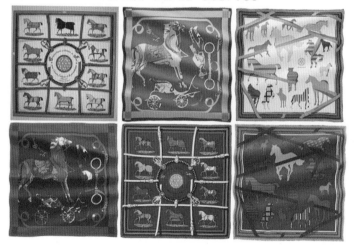

Hermes horse scarves

여성용 스카프 '카레'(1937)

칼레쉬

에르메스 로고

에르메스 상표의 소재가 된 프랑스 화가 알프레드 드 드로의 19세기 석판화

에르메스는 머리부터 발끝까지 말을 고객으로 모시는 기업이다. 마구나 가방은 물론, 스카프, 향수, 시계 같은 최고급 제품도 모두 말을 만족시키기 위해 만든 것처럼 보일 정도다. 에르메스를 상징하는 색은 천연 말가죽과 가장 비슷한 색상인 주황이다. 상표에도 마차가 그려져 있다. 에르메스의 상표는 프랑스 화가 알프레드 드 드로Alfred de Dreux가 그린 석판화 〈마부를 기다리는 마차Le duc attele〉를 소재로 만든, 좌석이 빈 고급 사륜마차duc가 주인을 기다리는 모습이다. 누구를 기다리는 걸까? 에밀 모리스의 사위이자 에르메스의 회장이었던 장 루이 뒤마Jean Louis Dumas의 설명을 들어보자. "말은 광고를 볼 줄 모르고 할인이나 판촉 행사에 초대받지도 않는다. 오직 몸 위에 얹힌 안장이, 재촉하는 채찍이, 발에 달린 발굽이 얼마나 편안하고 부드러운지에 따라 행복해하고 더 잘 달릴 뿐이다."

마케팅
MARKETING

선도적인 마케팅으로 밀어라

11

구찌
GUCCI

가격은 잊어도
품질은 기억한다

사보이 호텔이 선도한 혁신

....

1889년 8월 6일 런던에 문을 연 사보이 호텔Hotel Savoy은 '올라가는 방Ascending Rooms'과 '사보이 욕실Savoy bathrooms'로 유명했다. '올라가는 방'이란 다름 아닌 엘리베이터다. 사보이 호텔은 영국 최초의 고급 호텔답게 미국 오티스Otis에서 개발한 전기 엘리베이터를 처음으로 운영했다. 영국에서 처음으로 전기를 가동한 사보이 호텔은 다소 위험하고 냄새나는 가스등을 모두 전등으로 바꿔 달고, 복도에도 24시간 난방을 틀었다. 객실에 딸린 욕실에선 더운 물이 소나기처럼 쏟아져 나와 금방 욕조를 따뜻한 물로 가득 채웠다. 또한 객실마다 설치된 '말하는 관Speaking Tube'에 대고 주문하면 바로 룸서비스를 이용할 수 있었다. 종이컵을 실로 연결해 만든 종이컵 전화기처럼, 객실과 카운터를 기다란 관으로 연결한 일종의 인터

사보이 호텔은 영국 최초로 전기 엘리베이터를 운영했다.(1926)

폰이다.

영국 왕 헨리 3세재위: 1216~1272는 1236년 프랑스 출신의 왕비 엘레노어Eleanor와 결혼하면서 왕비의 외삼촌 사보이 백작에게 템스 강 옆의 땅을 하사했다. 그 자리에 들어섰던 사보이 궁전이 600년 후 최고의 기술을 도입한 고급 호텔로 개장한 것이다.

호텔의 총지배인은 당시 최고의 호텔리어Hotelier 세자르 리츠César Ritz가 맡았다. 그는 "고객은 항상 옳다"는 호텔 경영 철학을 제시하기도 했다. 리츠는 호텔 레스토랑에서는 반드시 정장을 입어야 하고, 여성은 남성에게 배려받아야 하며, 오케스트라 연주를 들으며 식사를 즐기는 등의 에티켓을 처음으로 만들어냈다. 호텔 주방은 현대 요리법의 신약성서라 불리는 《요리의 길잡이Le Guide Culinaire》를 집필한 '요리의 제왕' 오귀스트 에스코피에Auguste

Escoffier가 지켰다. 에스코피에는 수천 가지가 넘는 요리를 개발하고, 현대식 메뉴와 주방 시스템을 정립해 요리를 하나의 학문으로 탄생시켰다. 1883년 모나코의 몬테카를로 그랜드 호텔에서 처음 만난 리츠와 에스코피에는 이후 런던의 사보이 호텔과 칼튼 호텔에서도 함께 근무하며 현대 호텔과 레스토랑 경영의 기틀을 잡았다.

사보이 호텔은 첨단 기술과 현대식 경영으로 세계 최고의 명사들이 자주 다녀가면서 많은 이야깃거리를 남겼다. 엘리자베스 공주는 1943년 사보이 호텔에서 필립 왕자를 처음 만났고, 10년 뒤이 호텔에서 여왕 즉위 기념 파티까지 열었다. 에드워드 7세, 조지 6세는 물론 찰스 왕자와 다이애나 왕세자비 부부 그리고 윈스턴 처칠 수상도 호텔에 들러 만찬을 즐겼다. 클로드 모네는 몇 달씩 호텔에 머물며 창가 너머로 보이는 워털루 다리를 그리곤 했다. 미국의 작곡가 조지 거슈윈이 〈랩소디 인 블루Rhapsody in Blue〉를 발표한 것을 비롯해 엔리코 카루소, 프랭크 시나트라, 비틀즈, 밥 딜런, 바브라 스트라이샌드, 찰리 채플린 등 많은 스타들이 이곳에서 공연을 하거나 머물렀다.

호텔 보이에서 공방 주인으로

············

구초 구치Guccio Gucci는 1881년 이탈리아 피렌체에서 모자, 허리띠, 가방을 만드는 가죽 장인 집안에서 태어났다. 아버지가 사업이 망해 파산하면서 생계가 막막해진 구초는 일자리를 찾기 위해 17세에 고향을 떠나 파리를 거쳐 런던으로 갔다. 런던에서 야심차게 찾

구초 구치(1881~1953)

아낸 첫 직장이 바로 사보이 호텔이다. 웨이터, 접시닦이, 사환使喚, 안내원 같은 여러 자리 가운데 가장 자랑스럽게 여기는 일은 엘리베이터 안내원이다. 엘리베이터에서 영국은 물론 유럽과 미국의 상류층 인사들을 안내하면서 구초는 아스프리Asprey, 케이브앤선스 Cave&Sons, 프란지Franzi 같은 당시 최고의 명품 트렁크와 가방을 직접 보고 운반하며 명품에 대한 안목을 키웠다. 1781년 설립된 아스프리는 역사가 가장 오래된 명품 브랜드로 영국 왕실에서 애용했고, 1839년 창립한 케이브앤선스는 사각 트렁크와 핸드백을 처음으로 제작한 회사다. 1864년 세워진 프란지는 최고의 품질을 자랑하는 프란지 가죽Franzi Leather으로 유명한 브랜드다.

1902년 고향으로 돌아온 구초는 작은 가죽 공방에서 일하며 재봉사인 아이다 칼벨리Aida Calvelli를 만나 가정을 꾸렸다. 소박한 생활에 만족할 수 없었던 그는 1910년 런던의 케이브앤선스 매장을 방문해 상품들을 꼼꼼히 살펴보고, 제1차 세계대전이 끝나자 밀라노의 프란지에 입사해 무두질부터 고급 가죽을 구분하고 제품으로 만드는 방법까지 처음부터 다시 배웠다. 결국엔 능력을 인정받아 프란지의 로마 지점을 맡게 되었지만, 고향으로 돌아가자는 아내의 간청에 못 이겨 1921년 고향 피렌체에 자신의 이름을 딴 가게를 차렸다. 나이 마흔에 창업을 한 것이다. 여행용, 선물용으로 적합한 가방, 장갑, 부츠 같은 고급 가죽 제품을 제작하고 판매하면서, 가죽의 찢어진 부위를 깁거나 긁힌 자국을 가려주는 유지보수 서비스를 제공해 손님들의 신뢰를 얻었다.

돼지가죽과 대나무로 돌파한 위기

구초는 새로운 장식이나 무늬를 고안할 때 말이나 승마 용품에서 아이디어를 많이 얻었다. 특히 1932년 처음 개발한, 재갈[36] 고리를 닮은 금속 장식을 단 '홀스빗 로퍼Horsebit Loafer'는 구찌를 대표하는 멋쟁이 구두가 되었다. 끈으로 묶지 않아 편하게 신을 수 있는 로퍼는 1953년 새로운 모습으로 다시 태어나 뉴욕현대미술관에 전시될 만큼 훌륭한 디자인을 자랑한다. 영국의 마가렛 공주와 오드리 헵번은 편한 로퍼를 즐겨 신었고, 필리핀 마르코스 대통령의 부인 이멜다는 3천 켤레가 넘는 구두가 가득한 신발장에 로퍼 수십 켤

---

36   말을 부리기 위해 아가리에 가로 물리는 가느다란 막대.

홀스빗 로퍼

디아만테 캔버스 백(1936)

레를 수집해두었다. 배우 알랭 들롱은 영화 〈태양은 가득히〉(1960)
에서 멋진 로퍼를 선보였고, 프랜시스 코폴라 감독을 비롯해 존 웨
인과 클라크 게이블 모두 로퍼를 신고 늘씬한 맵시를 자랑했다.

　　1936년 파시스트 정권이 에티오피아를 침략하고 4년 뒤 제2
차 세계대전을 일으키자 많은 자원이 군수용으로 징발되고, 국제
연맹League of Nations이 이탈리아에 수출을 제한하면서 가죽이나 금
속 같은 재료를 구하기가 더욱 어려워졌다. 구초를 돕던 장남 알
도Aldo는 가죽 대신 나폴리에서 생산되는 대마大麻, Hemp, 황마黃麻,
Jute, 아마를 소재로 크고 작은 마름모꼴이 규칙적으로 배열된 천
을 고안해냈다. 구찌를 상징하는 디아만테Diamante, Diamond 캔버스
다. 가죽이 아닌 새로운 소재에 끌린 건지 디아만테 핸드백과 여행
가방은 그야말로 날개 돋친 듯 팔려나갔다. 전쟁이 끝나자 고향으
로 돌아가는 미군들이 어머니, 아내, 연인에게 줄 선물을 사기 위
해 구찌 매장을 찾았다. 이때부터 피렌체 매장은 세계 유명 인사나
여행객들이 미켈란젤로의 다비드 상을 둘러본 뒤 반드시 들르는
필수 코스로 떠오르기 시작했다. 영국의 엘리자베스 공주, 미국의

루즈벨트 대통령, 그레이스 켈리, 엘리자베스 테일러 같은 명사들이 구찌의 피렌체, 밀라노, 로마 매장을 방문했다.

　전쟁에서 패하자 경제는 더 팍팍해졌다. 가죽 업체들이 줄줄이 도산하면서 좋은 가죽을 구하기 힘들어지자 알도는 또 다른 소재를 찾아야 했다. 돼지가죽Pig Skin은 두께가 얇고 부드러워 잘 늘어나는 데다 털구멍이 커서 안감으로나 쓰던 재료였다. 알도는 털구멍이 송송 보이는 무늬를 그대로 살린 돼지가죽을 새로운 소재로 선택했다. 손잡이는 일본에서 수입한 대나무를 불에 그을려 말안장처럼 반원 형태로 구부린 뒤 반질반질하게 광을 내 달았다. 1947년 선보인 대나무 가방, 뱀부 백Bamboo Bag이다. 궁하면 통한다고 했던가. 돼지가죽과 대나무의 조합이라는 어처구니없을 정도로 혁신적인 뱀부 백은 세계 왕족과 여배우들에게서 과분할 정도

엘리자베스 테일러가 영화 〈뜨거운 양철 지붕 위의 고양이〉에서 뱀부 백을 들고 있는 모습

구찌의 상징이 된 '더 웹'으로 장식한 재키 백(1960)

로 황송한 대접을 받았다. 모나코의 그레이스 켈리 왕비, 벨기에의 도나 파올라 여왕, 영국의 다이애나 왕세자빈이 뱀부 백을 들었고, 그리스의 프레데리카 왕비는 보석함이 딸린 뱀부 백 세트를 열두 개나 주문하기도 했다. 잉그리드 버그만은 영화 〈이탈리아 여행〉(1954)에서, 엘리자베스 테일러는 〈뜨거운 양철 지붕 위의 고양이〉(1958)에서 뱀부 백을 들어 시선을 끌었다. 이때부터 대나무 장식과 대나무 무늬는 구찌의 대표적인 디자인 요소가 됐다.

사업을 물려받은 알도는 브랜드를 정립하고 사업을 확장하는 데 노력을 기울였다. 그는 안장을 묶을 때 사용하는 캔버스 띠에서 아이디어를 얻어 초록-빨강-초록(GRG), 파랑-빨강-파랑(BRB) 세 가지 색을 나란히 배열한 띠 '더 웹The Web'과 아버지의 이름을 딴 GG 로고를 만들었다. 더 웹과 GG 로고는 구찌의 DNA를 드러내는 표식으로 쓰였다. 이후 알도가 야심차게 내놓은 모서리가 둥근

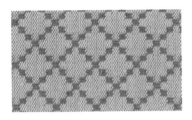

디아만테 무늬

GG 로고 무늬

더 웹 무늬

플로라 무늬

숄더백은 금방 베스트셀러가 됐다. 잉그리드 버그만은 영화 〈유로파 51〉(1951)에서 이 숄더백을 선보였고, 리타 헤이워드나 바브라 스트라이샌드 같은 배우와 가수들이 즐겨 들었으며, 소설가 사무엘 베케트가 어깨에 메고 나타나기도 했다. 재혼한 재클린 오나시스가 자주 들고 다녀 이 가방은 '재키 백Jackie Bag' 또는 '재키 오Jackie O'라 불리기도 한다.

1966년 그레이스 켈리 왕자비가 남편 레니어 왕자와 함께 다급히 밀라노 매장을 방문했다. 왕자비가 친구에게 결혼 선물로 주기 위해 꽃무늬 스카프를 찾았지만, 당시 구찌는 스카프를 만들지 않았다. 매장 책임자였던 구초의 셋째 아들 로돌포Rodolfo는 매우

특별한 고객을 위해 디자이너 비토리오 아코르네로Vittorio Accornero
에게 긴급 작전을 부탁했다. 아코르네로가 바로 다음 날 이탈리아
의 사계절을 대표하는 꽃, 열매, 곤충을 그린 디자인을 가져오면서
구찌의 '플로라Flora' 무늬가 탄생했다. 플로라 실크 스카프를 받은
왕자비는 딸 캐롤라인 공주에게 플로라 블라우스를 물려줬고, 캐
롤라인의 딸 샬롯은 플로라의 모델이 됐다. 플로라는 보는 여성마
다 탄복하게 만드는 새로운 제품 라인으로 떠올랐다.

품질을 기억하는 이유

....

'부자 집안 삼대 못 간다'고 했던가. 구초가 나이 마흔에 어렵사리
일궈낸 구찌는 손자 세대에 이르러 집안싸움으로 풍비박산風飛雹散
나고 만다. 알도의 차남 파올로Paolo가 아버지의 반대에도 불구하
고 라이센스를 함부로 남발해 브랜드 가치를 떨어뜨렸다. 화가 난
아버지가 아들을 해고하자 아들은 아버지를 탈세 혐의로 고발했
다. 이후 알도의 동생 로돌프에게 경영권이 넘어갔고, 1983년 로돌
프의 아들 마우리치오Maurizio가 회사를 이어받았다. 마우리치오가
큰아버지 알도와 사촌 파올로를 모두 해고하고 경영의 기틀을 잡
으려 하자, 이에 반발한 파올로가 '구찌 플러스Gucci Plus'라는 상표
로 저렴한 핸드백, 액세서리, 포도주를 팔기 시작했다. 구찌가 구찌
플러스를 상표권 침해로 고발하고 소송을 진행하는 사이 1995년
마우리치오가 총에 맞아 죽었다. 마우리치오가 친구와 재혼하는
걸 시기한 전처 파트리치아 레지아니Patrizia Reggiani가 살인을 청부

한 것이다.

획기적인 변화가 필요했던 구찌는 전문 경영인으로 도메니코 드 솔레Domenico De Sole를 영입했고, 젊고 야심찬 톰 포드Tom Ford를 수석 디자이너로 임명했다. 톰 포드는 제트 비행기나 유람선을 타고 다니며 사치스런 여유를 즐기는 최상류 계층 젯 셋Jet Set을 위한 '젯 셋 글래머Jet Set Glamour' 스타일로 벼랑 끝에 서 있던 구찌를 구해냈다. 구찌의 전통을 현대적인 감각으로 되살리면서 도도하고 관능적인 매력을 부각해 야릇한 분위기의 '포르노 시크Porno Chic'를 탄생시키기도 했다. 포르노 시크는 동성애나 삼각관계를 암시하는 '구찌 길티Gucci Guilty'로 이어진다. 톰 포드의 뒤를 이어 어릴 때부터 플로라 스카프를 매고 다니던 프리다 지아니니Frida Giannini가 서정적인 플로라 이미지와 고급 뉴 뱀부 백으로 돌풍을 일으켰고, 그 뒤에 알레산드로 미켈레Alessandro Michele가 순수하고 고급스러운 구찌의 고유한 이미지를 부각했다. 요르단의 라니아 왕비를 비롯해 마돈나, 니콜 키드먼, 귀네스 펠트로, 톰 크루즈, 브래드 피

구찌 수석 디자이너 톰 포드

구찌 길티 광고(2016)

트 같은 명사들이 달라진 구찌를 찾기 시작했다.

영화 〈대부〉(1972)처럼 끈끈한 믿음을 기반으로 가족끼리 지분과 역할을 나눠 대대로 사업을 이어가는 전통은 이탈리아 가족 경영의 특징이다. 페라가모Ferragamo, 베네통Benetton, 불가리Bulgari, 에트로Etro 같은 브랜드가 그렇다. 구찌는 이탈리아의 가족 경영 역사에 커다란 오점을 남겼다. 아버지와 아들, 사촌끼리 서로 눈꼴사나운 싸움을 벌이다 결국 청부 살인이라는 막장으로 끝이 났다. 남편을 죽인 '검은 과부Black Widow' 파트리치아가 말했다. "자전거를 타고 웃느니 롤스로이스를 타고 울겠다."[37] 평생을 울더라도 롤스로이스를 타고 싶은 이유가 도대체 무엇일까? 일찌감치 알도 구치가 말했다. "가격은 잊어도 품질은 기억한다."[38] 그렇다면 사람들은 비극은 잊어도 품질은 기억하기 때문일까?

---

37 I would rather weep in a Rolls-Royce than be happy on a bicycle.

38 Quality is remembered long after price is forgotten.

12

버버리
BURBERRY

인생에서 좋은 것은
변하지 않는다

망토의 신비한 힘

슈퍼맨은 붉은 망토를 휘날린다. 슈퍼맨이 고향 크립톤에서 가져온 천으로 양어머니가 지어준 것이다. 붉은 망토는 슈퍼맨이 총알보다 빨리 날 수 있게 하고, 대기권을 통과할 때 몸을 감싸 보호해준다. 배트맨은 검은 망토를 걸친다. 그가 운영하는 웨인 재단의 연구소에 의뢰해 개발한 무기다. 형상기억합금과 비슷한 메모리 섬유로 만들어 불에 타지 않고 총탄도 막아내며 활강에 적합하다. 원더우먼은 결정적인 순간에 성조기 무늬가 그려진 붉은 망토를 벗어 던지고, 쾌걸 조로는 검은 망토를 휘날리며 말을 타고 달린다. 슈퍼 히어로만 망토를 걸치는 건 아니다. 어둠과 악의 상징인 드라큘라나 뱀파이어는 망토로 몸을 숨긴다. 십자군 기사단은 망토로 위엄을 드러내고, 투우사는 붉은 망토로 날뛰는 소를 제압한다. 망토에는 우리 눈엔 보이지 않는 어떤 영험한 힘이 있는 걸까?

망토는 헐렁하고 소매가 없다. '소매 없는 외투'를 뜻하는 라틴어 Mantellum에서 유래한 프랑스어 Manteau는 영어로는 Mantle이라 한다. 주로 비가 오거나 바람이 부는 궂은 날씨에 몸을 보호하거나, 야외에서 잠잘 때 몸을 감싸는 두꺼운 의복이다. 청동기 시대의 원시인도 양털이나 염소 털로 만든 망토를 둘렀다. 망토는 중세 시대에 널리 보급되어 수도승, 연금술사, 순례자들이 주로 걸쳤다. 르네상스 시대에는 신분에 따라 다른 망토를 둘렀다. 왕족이나 성직자들은 큰 행사를 치를 때 가장자리를 모피로 두르거나 진홍색 비단Taffeta이나 우단Velvet으로 만든 호화로운 망토를 두르고 나타났다. 가난한 양치기나 거지는 투박하고 조잡한 양털이나 염소 털로 만든, 두건이 달린 망토를 쓰고 다녔다.

궂은 날씨에 탄생한 기술 혁신

영국은 비가 자주 내리고 흐린 날이 많다. 근대 과학의 혜택을 입어 탄생한 첨단 비옷이 산업혁명에서 앞선 영국에서 먼저 등장한 건 우연이 아니다. 1818년 제임스 심James Syme은 석탄을 1000℃로 가열하여 석탄가스를 만들 때 생기는 검은 용액Coal Tar이 고무Latex를 녹이는 성질을 가진다는 걸 발견했다. 5년 뒤 스코틀랜드의 찰스 매킨토시Charles Macintosh는 접착성이 뛰어난 이 고무 용액을 천에 발라 물에 젖지 않는 비옷을 발명했다. 이 고무 비옷은 방수는 매우 탁월했지만, 무겁고 열에 약하며 냄새가 나쁘고 날이 추워지

토머스 버버리(1835~1926)

면 딱딱하게 굳어버리는 게 단점이었다. 1848년 토머스 핸콕Thomas Hancock은 황Sulfur을 섞어 고무를 제법 단단하고 질기게 만드는 가황법加黃法, Vulcanization을 개발해 매킨토시의 비옷을 더욱 가볍고 편안하게 만들었다. 이 비옷이 바로 매킨토시의 이름을 딴 '맥 코트Mac Coat'다.

토머스 버버리Thomas Burberry는 1835년 영국 서리Surrey의 브로캄 그린Brockham Green에서 식료품 가게를 운영하는 부모에게서 태어났다. 포목점에서 일을 배워 21세가 되던 해에 직접 포목점을 연 그는 농부들이 고무 비옷을 가지고 불평하는 이야길 듣고 새로운 비옷을 만들 방법을 찾고 있었다. 그러던 어느 날 토머스는 술집에서 맥주를 마시던 양치기가 벗어놓은 스목 프록Smok Frock을 보고 눈이 번쩍 뜨였다. 스목 프록은 농부나 양치기가 궂은 날씨에 옷이 젖거나 더러워지지 않도록 걸치는 일종의 망토다. 아마를 촘촘

GABARDINE

| 스목 프록을 입은 사람들 | 개버딘 원단 |

하게 엮어 투박하지만 따뜻하고 바람이 잘 통하면서도 물에 잘 젖지 않는다. 여기서 아이디어를 얻은 토머스는 1879년 섬유가 길고 강한 이집트 면Egyptian Cotton을 꼰 실로 촘촘하게 짠 천을 개발했다. 천을 짜기 전과 후에 한 번씩 방수 처리를 하기 때문에 물에 잘 젖지 않았다. 1888년 그는 이 새로운 원단을 유대인이 입던 스목 프록인 가베딘Gaberdine에서 이름을 살짝 바꿔 개버딘Gabardine이라는 상표로 등록했다.

전쟁터에서도 맵시 나는 디자인

개버딘은 뜻밖에도 전쟁에서 그 품질을 인정받았다. 1852년 네덜란드가 남아프리카에 세운 트란스발 공화국에서 다이아몬드와 금이 잇달아 발견되자, 이를 두고 남쪽에 있던 영국의 케이프 식민지와 전쟁이 벌어졌다. 보어Boer 전쟁이다. 보어는 네덜란드 말로 농민을 뜻한다. 영국은 전쟁을 유리하게 이끌다가 비가 연일 쏟아지면서 전세가 불리해졌다. 방수복이 무거워 움직이기가 불편했기 때문이다. 1895년 영국은 버버리에 개버딘으로 지은 군복을 대량으로 주문했다. 이때 공급한 장교용 군복이 '타이로켄Tielocken'이다. 타이로켄은 왼쪽 자락과 오른쪽 자락을 겹쳐 여미는 외투Double-breasted Over Coat로, 단추 없이 벨트로 묶어 여민다. 입고 벗기 편하고, 가벼우면서도 방수 기능이 뛰어나 장교들에게 환영 받았다.

타이로켄(1895)

전투는 점점 지루하고 참혹해졌다. 말과 창이 사라지고 대포와 기관총이 등장하면서 방어선을 따라 길게 파놓은 구덩이 속에 갇혀 오도 가도 못하고 대치하면서 양쪽의 사상자만 늘어났다. 제1차 세계대전에서 시작된 참호전Trench Warfare이다. 따가운 여름과 혹독한 겨울에도 참호 속의 영국군을 지켜준 것이 바로 트렌치코트Trench Coat라 불리는 황갈색 장교복이다. 버버리는 타이로켄을 개량해 훨씬 진보된 형태의 전투복을 만들었다.

넓은 앞깃을 세워 추위를 막는 나폴레옹 칼라Napoleon Collar는 트렌치코트를 낭만적으로 보이게 한다. 목에 두르는 띠Throat Latch는 비가 오거나 추울 때 목을 보호하고, 목 뒤에 다른 천을 걸칠 수 있게 해준다. 앞자락 컨버터블 프런트Convertible Front는 바람의 방향에 따라 옷을 여미는 방향을 바꿀 수 있다. 어깨 위의 견장 에폴렛Epaulet은 D자 모양의 고리를 달아 수류탄, 탄약통, 쌍안경, 방독면 같은 것을 매달 수 있다. 앞가슴에 덧댄 천 스톰 패치Storm Patch와 뒷덜미에 덧댄 천 스톰 실드Storm Shield는 바람을 막아주고 빗방울이 흘러내리게 한다. 오른쪽 가슴에 덧댄 천 건 패치Gun Patch는 소총을 쏠 때 개머리판에 쓸려 옷이 쉽게 해지지 않게 보호한다. 어깨부터 손목까지 이어지는 넉넉한 래글런Raglan 소매는 팔을 움직이기 편하게 하고, 소매를 손목에 맞춰 조이는 커프스 플랩Cuffs Flap은 추위를 막아준다.

현재 판매되고 있는 '버버리 코트Burberry Coat'가 가진 특징 그대로다. 버버리 코트는 천 조각 54장, 단추 36개, 버클 4개, 금속 고리 4개로 만들어진다. 스타일과 장식이 제1차 세계대전에 등장했던 트렌치코트와 거의 비슷하다. 전쟁 중에 영국 육군과 해병대 장

The Burberrys' Trenchcoat

트렌치코트

교복으로 공급한 버버리의 트렌치코트가 무려 50만 벌에 달한다. 제1차 세계대전에 끝나고 거의 20년 만에 터진 제2차 세계대전에서도 트렌치코트는 전쟁터를 누비고 다녔다. 연합군도 버버리의 트렌치코트를 입기 시작했고, 제2차 세계대전이 끝난 뒤 승리한 수십만 명의 장교들은 트렌치코트를 집으로 가져가 계속 입고 다녔다. 버버리 코트가 전쟁터를 떠나 도시로 퍼지기 시작한 것이다.

탐험가와 함께 펼친 마케팅

기차와 자동차가 땅 위를 활보하면서 야외 활동이 늘어나고 여행에 대한 사람들의 욕구가 커졌다. 열강들이 식민지를 개척하기 위해 각축을 벌이면서 아직 밟지 못한 신천지를 먼저 차지하려는 경쟁도 치열해졌다. 그러자 농부를 위해 만들었던 개버딘이 사냥, 낚시, 승마, 스키, 스케이팅 같은 야외 활동복에 적합한 소재로 인정받으면서 스포츠 웨어와 캠핑 용품을 제작하는 데 널리 사용되기 시작했다. 개버딘이 최초로 아웃도어Outdoor 패션 시장을 개척한 것이다. 1901년 버버리는 갑옷을 입은 중세의 영국 기사가 말을 타고 달리는 모습을 담은 로고Burberry Equestrian Knight Logo를 만들었다. 기사가 든 깃발에는 'PRORSUM'이라고 쓰여 있다. '전진Forwards'이라는 뜻의 라틴어다. 당시 세계 곳곳에 식민지를 건설하여 '해가 지지 않는 나라'가 된 영국의 위상을 그대로 대변하는 로고다.

20세기 들어 버버리는 아웃도어 시장을 선점하기 위해 트위드 같은 다른 소재도 채택했다. 또 남성을 대상으로 하는 제품 외

버버리 로고

코트 안감으로 사용하기 시작한 노바 체크무늬

에도 여성 고객을 위한 모자, 머플러, 레인코트 같은 제품으로 고객층을 확장하는 한편, 플래드Plaid[39] 같은 디자인 요소를 사용해 맵시를 더했다. 플래드는 원래 스코틀랜드에서 색실의 색상과 격자의 크기에 따라 씨족을 나타내는 타탄 격자Tartan Check로 사용되었는데, 1920년 트렌치코트의 안감으로 들어가 노바 체크Nova Check라는 이름으로 불리며 버버리의 정체성을 나타내는 요소로 자리 잡았다.

　　1907년 바덴 포웰 경Lord Baden Powell이 세계적인 청소년 조직인 보이 스카우트Boy Scouts를 창설하고, 1914년 제1차 세계대전 발발로 키치너 경Lord Horatio Kitchener이 신병 모집 포스터(WANTS YOU)를 붙이면서 버버리는 영국의 자존심으로 떠올랐다. 보어 전쟁에 참전한 경험이 있는 포웰 경과 키치너 경이 매번 버버리 코트를 입고 나왔기 때문이다. 1910년대 지붕을 열고 달리는 자동차 카브리

39　　색실로 만든 격자무늬

영국의 어니스트 섀클턴은 세 번의 탐험에서 버버리의 개버딘을 입었다.

올레Cabriolet를 몰던 파리의 멋쟁이 남자들도 버버리 코트를 걸치기 시작했다. 고급장교처럼 맵시가 나는 데다 운전할 때 거센 바람을 막아주었기 때문이다. 또 '세계 최초'라는 타이틀을 노린 탐험 경쟁으로 탐험가, 등반가, 조종사까지 개버딘으로 만든 외투나 용품을 사용하자 버버리의 인기는 하늘 높은 줄 모르고 치솟았다.

당시 미지의 영역에 발자국을 남기는 기록을 세울 때마다 버버리가 함께했다. 1893년 북극권에 가장 가까이 접근했던 노르웨이의 프리드쇼프 난센Fridtjof Nansen과 난센을 구조하고 북극의 지도를 제작한 영국의 프레더릭 잭슨Frederick Jackson은 개버딘으로 만든 방한복을 입었다. 1914년 남극에서 634일 동안 유빙에 갇혀 있다가 구조된 영국의 어니스트 섀클턴Ernest Shackleton, 1919년 비행기로 대서양을 처음 횡단한 영국의 조종사 존 알콕John Alcok과 아서 브라운Arthur Brown도 버버리를 걸쳤다. 1924년 세 번째 등반에서 에베

레스트 산 정상을 200m 앞두고 실종된 영국의 조지 말로리George Mallory도 개버딘을 입었다. 그는 "산이 거기 있으니까"[40] 산에 오른다는 명언의 주인공이기도 하다.

남극을 정복한 버버리

....

군복 스타일의 밀리터리 룩Military Look을 선도했다고 할까. 버버리는 코트를 군납해 품질을 인정받고, 영국 왕실과 상류층 인사들이 다투어 입고 다니는 바람에 큰 노력을 들이지 않고 세계 유행을 선도할 수 있었다. 1901년 빅토리아 여왕에 이어 등극한 에드워드 7세는 유행에 매우 민감했다. 특히 개버딘 코트를 즐겨 입어 외출할 때마다 "내 버버리를 가져오게"라고 말했을 정도다. 보어 전쟁에 참전했던 영국의 윈스턴 처칠Winston Churchill 수상과 제1, 2차 세계대전에 모두 참전했던 프랑스의 샤를 드골Charles De Gaulle 대통령도 버버리 코트를 즐겨 입었다.

영화 〈애수〉(1940)에서 전쟁 중에 로버트 테일러가 귀대를 앞두고 비비안 리와 사귈 때 입은 버버리 코트는 품에 안기고 싶을 정도로 매력적이고, 〈카사블랑카〉(1942)에서 우연히 재회한 연인 험프리 보가트와 잉그리드 버그만이 포옹할 때 걸쳤던 버버리 코트는 애잔한 사랑의 추억을 떠올리게 한다. 드라마 〈형사 콜롬보〉(1968)에서 강력계 형사 역을 맡은 피터 포크의 후줄근한 버버리 코트는

영화 〈카사블랑카〉의 한 장면

버버리 코트를 입은 찰스 왕자와 다이
애나비(1983)

주인공을 듬직해 보이게 만들고, 〈크레이머 대 크레이머〉(1979)에서
메릴 스트립이, 영화 〈나인 하프 위크〉(1986)에서 킴 베이싱어가 각
각 맵시를 뽐낸 버버리 코트는 전문직 여성의 강한 자의식을 대변
한다. 버버리 코트는 중후한 신사, 민첩한 형사나 기자, 독립심이
강하고 고독한 여성을 상징하는 소품으로 사랑받았다.

　노르웨이의 로알 아문센Roald Amundsen과 영국의 로버트 스콧
Robert Scott 간에 벌어진 남극 정복 경쟁은 첨단 기술에 대한 태도
를 극명하게 대비해 보여준다. 아문센은 에스키모가 입는 순록 가
죽으로 지은 털옷을 입었고, 스콧은 영국 신사가 그런 야만스러운
옷을 걸칠 순 없다며 개버딘 방한복을 택했다. 털가죽 옷은 무겁
지만 땀을 밖으로 내보낼 수 있었고, 개버딘은 가볍지만 땀을 흡수
하진 못했다. 스콧의 개버딘 방한복은 영국보다 훨씬 혹독한 남극
의 추위에 땀을 배출하지 못하고 얼려 오히려 체온을 빼앗았다. 털
가죽 옷은 저고리처럼 쉽게 입고 벗을 수 있었지만, 개버딘은 자

루처럼 뒤집어써야 해서 계속 입고 있어야 했다. 끈으로 옷을 목덜미에 묶어 입는 털가죽 옷은 별 문제가 없었지만, 단추를 채워 입는 개버딘은 주석 단추가 부서져 냉기를 막지 못했다. 주석은 영하 50℃에서 부서지는 주석 페스트Tin Pest 현상을 보이기 때문이다. 아문센이 가져간 개버딘은 방한용 덧옷Overalls과 텐트뿐이다. 1911년 남극점을 정복하고 돌아온 아문센은 "버버리의 덧옷은 남극 여행에 큰 도움을 준 정말 좋은 친구였다"며 감사를 표했다. 그는 남극점에 노르웨이 국기를 꽂고 개버딘 텐트를 남겼다. '정말 좋은 친구' 개버딘에 대한 신뢰를 확인할 수 있는 장면이다. 그렇다. "인생에서 좋은 것은 변하지 않는다."[41]

41   The good things in life never change. 버버리 광고 문구.

13

웨지우드
Wedgwood

나는 사람도,
형제도 아닙니까

중국 청화백자의 비밀

....

독일 작센의 영주에서 폴란드의 왕이 된 아우구스투스 2세는 군비를 갖추기 위해 최고의 연금술사로 알려진 요한 뵈트거Johann Böttger를 붙잡아놓고 중국의 백자白瓷와 똑같은 자기瓷器를 만들라고 명령했다. 흰 바탕에 파란 무늬를 그려 넣은 청화백자靑華白瓷는 당시 유럽의 왕실마다 앞다퉈 사들일 만큼 비싼 가격에 거래됐다. 온 유럽의 연금술사들이 백자 개발에 매달리던 가운데, 뵈트거가 1708년 가마에서 하얀 접시를 구워내고 이듬해 유약까지 개발하는 데 성공했다. 왕은 1710년 왕립 자기 공방을 설치해 백자를 생산하도록 했다. 이것이 유럽에서 처음으로 자기를 구워낸 마이센Meißen 공방의 기원이다. 마이센에서 만들어진 백자는 '하얀 금Weiße Gold, White Gold'이라 불릴 만큼 비싼 가격에 거래됐다.

중국이 독점하던 자기 기술이 마이센으로 넘어가기까지 500년 가까운 시간이 걸렸지만, 마이센의 자기 기술이 유럽으로 퍼져나가는 데는 50년도 채 걸리지 않았다. 아우구스투스 2세는 알브레히츠부르크Albrechtsburg성에 도공들을 가두어놓을 만큼 기밀을 철저히 보호했지만, 도공 두 명이 목숨을 걸고 오스트리아 빈에 있는 합스부르크 왕가로 빠져나가 기술을 퍼뜨리고야 말았다. 이후 오스트리아의 로열 비엔나Royal Vienna(1718)를 시작으로 덴마크의 로열 코펜하겐Royal Copenhagen(1775), 영국의 로열 덜튼Royal Dulton(1815), 헝가리의 헤렌드Herend(1826) 같은 도자기 공방이 각국 왕실의 지원을 받으며 속속 성장했다.

사실 유럽에서 자기를 가장 먼저 구워낸 곳은 마이센 공방이 아니다. 1295년 마르코 폴로Marco Polo가 청화백자를 베네치아에 소개한 뒤, 이탈리아의 공방들이 거의 300년 동안 자기를 만들기 위해 매달렸지만 아무도 그 비밀을 풀지 못했다. 그러다 1575년 이탈리아 메디치Medici 가문의 후원을 받은 메디치 공방이 처음으로 백자와 비슷한 자기를 만들어냈다. 이를 효시로 루이 15세의 애첩인 마담 퐁파두르Pompadour의 후원으로 프랑스에서 세브르Sèvres공방(1759)이 등장했다. 메디치 공방이나 세브르 공방에서 만든 것은 연질자기軟質瓷器, Soft Porcelain로, 중국이나 마이센에서 구워낸 경질자기硬質瓷器, Hard Porcelain와 다르다. 단단하고 빛이 맑은 경질자기에 비해 연질자기는 상대적으로 낮은 온도(1350℃ 이하)에서 구웠기 때문에 경도와 색상이 떨어진다. 연질자기는 청화백자를 흉내 내다 실패한 '짝퉁'인 셈이다.

청화백자는 중국 명나라 때 징더전景德鎭에서 구운 것이 가장 유명하다. 징더전의 가오링高陵 지역에서 나는 찰흙China Clay의 품질이 가장 좋았기 때문이다. 이 찰흙을 우리나라에서는 고령토高嶺土, Kaolin라 부른다. 영국은 찰흙의 품질이 떨어져 제대로 된 백자를 만들지 못하다가 1748년, 토머스 프라이Thomas Frye가 흰빛이 강한 백자를 굽는 데 성공했다. 런던 동쪽에 있는 그의 가마 부근에 가축 시장과 도살장이 있어 찰흙에 뼛가루가 많이 들어갔던 것이다. 뒤이어 조사이어 스포드Josiah Spode가 뼛가루를 매우 잘게 갈아 섞은 찰흙으로 아름다운 우윳빛 자기를 만들어냈다. 이것이 바로 그 유명한 본차이나Bone China다. 뼛가루를 태워 섞었기 때문에 골회자기骨灰瓷器라고도 한다.

여왕의 도공이 빚은 도자기

....

대대로 이어온 평범한 옹기장이 집안에서 13남매의 막내로 태어난 조사이어 웨지우드Josiah Wedgwood는 아홉 살에 아버지가 돌아가시자 맏형에게서 도자기 만드는 일을 배웠다. 열두 살에 천연두를 앓고 오른쪽 무릎이 약해져 물레를 돌릴 수 없게 되자, 도자기의 틀을 잡거나 유약 바르는 일을 도맡았다. 전화위복轉禍爲福이라고 해야 할지, 천연두가 도자기에 관한 그의 안목을 일찌감치 높여준 셈이 됐다. 그는 도자기를 구울 때 가마에 소금을 넣어 광택을 내는 소금유鹽釉, Salt Glaze를 연구하며 사업 기회를 찾다가 1754년 운 좋게도 토머스 윌던Thomas Whieldon과 동업하게 되었다. 윌던은 도자기에 문양을 손으로 그리지 않고 프린트하는 전사 기법을 개발한 영

조사이어 웨지우드(1730~1795)

국 도자기 회사 스포드Spode를 길러낸 도예 기술의 선구자다.

　웨지우드는 당시 유럽에서 사용하던 수많은 유약을 직접 실험하고 보완하여 새로운 기술을 완성했다. 특히 구리 성분을 넣어 푸른빛을 내는 녹유綠釉, Green Glaze와 철 성분을 넣어 누런빛을 내는 황유黃釉, Yellow Glaze는 상당한 인기를 끌었다. 녹유는 푸른빛이 강한 청기와를 만들 때, 황유는 중국 궁궐의 누런 기와를 굽는 데 사용한다. 그는 1759년 자신의 이름을 딴 회사를 세우고 녹유로 브로콜리나 콜리플라워 같은 꽃양배추 무늬를 넣거나 무늬를 도드라지게 새긴 찻주전자, 찻잔, 찻잔 받침 같은 찻잔 세트를 생산했다. 당시 유럽의 왕실과 귀족들은 중국 청화백자에 중국에서 재배한 차를 달여 마시는 것이 최고의 호사였기 때문이다. 웨지우드는 유약 기술로 시장을 선도하며 당대 최고 도공의 반열에 올랐다.

　웨지우드의 단골손님이었던 하원의원 윌리엄 메러디스William

녹유와 황유를 사용해 만든
콜리플라워, 파인애플, 멜론
모양의 찻주전자

러시아의 여황제 예카테리
나 2세가 의뢰한 분홍 꽃이
그려진 식기 세트(1770)

풍경이 그려진 녹색 식기
세트(1773)

샬롯 왕비는 웨지우드에게
'여왕의 도공'이라는 명예
를 하사했다.

Meredith가 국왕 조지 3세의 왕비 샬롯Queen Charlotte에게 웨지우드의 제품을 추천하자, 고급 그릇에 일가견이 있던 왕비는 1763년 웨지우드에게 왕실에서 사용할 식기를 주문했다. 덮개와 받침이 있는 접시 세트, 찻잔 세트, 수저받침, 촛대, 과일 바구니 등 모두 944점이다. 그 아름다움에 반한 왕비는 웨지우드에게 '여왕의 도공Potter to her majesty'이라는 명예를 하사했다. 러시아의 여황제 예카테리나 2세재위: 1762~1796는 분홍 꽃을 그린 만찬 세트Husk Service(1770)와 풍경을 그린 만찬 세트Green Frog Service(1773)를 잇달아 의뢰했다. 당시의 자기 세트들은 납 성분이 든 소금유로 구워 크림색이 선명했기 때문에 '크림 웨어Cream Ware'라고 불렸다.

과학으로 구워낸 재스퍼 웨어

....

1738년 이탈리아 베수비우스Vesuvius 산자락에서 우물을 파던 농부가 화산재에 묻힌 도시 폼페이를 처음으로 발견했다. 고대 이집트나 그리스·로마의 문화를 흠모하고 재현하는 신고전주의 양식이 분출되는 출구를 연 것이다. 웨지우드는 고대 이집트의 궁전을 장식한 붉은 대리석을 닮아 '고대의 붉은 빛'이라는 뜻의 로소 안티코Rosso Antico, 현무암으로 만든 고대 이집트의 검은 도자기를 보는 듯한 블랙 바살트Black Basalt, 고대 그리스·로마의 벽옥璧玉 같은 느낌을 주는 재스퍼 웨어Jasper Ware를 잇달아 발표했다. 이들 도자기는 돌가루 성분이 많은 찰흙으로 빚은 뒤 유약을 아예 바르지 않거나 초벌에서만 살짝 발라 광택이 나지 않았다. 질감이 돌과 비

로소 안티코

블랙 바살트

웨지우드 블루

웨지우드 그린

숫해 스톤웨어Stoneware라 한다. 고대 그리스·로마 귀족들이 사용하던 희귀한 골동품 같은 느낌을 준다. 재스퍼 웨어 시리즈 가운데 특히 웨지우드 블루Wedgwood Blue(청회색), 웨지우드 그린Wedgwood Green(녹회색)은 1753년 공식 색상으로 채택될 만큼 선풍적인 인기를 끌었다.

찰흙의 조성組成을 바꿔보고 유약의 성분을 달리 해보며 최적의 조건을 찾아가던 웨지우드는 가마의 온도도 철저하게 과학적으로 조절하려 했다. 몇 도를 유지하며 얼마 동안 불을 지펴야 하는가는 중요한 문제였다. 그는 처음엔 불의 세기에 따라 붉어지는 찰흙의 색깔을 기준으로 온도를 파악하다가, 찰흙이 수축하는 정도를 기준으로 온도를 재는 고온 측정 장치를 발명했다. 온도에 따라 찰흙이 수축하는 기본단위를 '웨지우드Wedgwood'라고 정의하기도 했다. 웨지우드는 고온 측정 장치로 블랙 바살트와 재스퍼 웨어를 만들어냈을 뿐 아니라, 영국의 산업혁명에도 기여한 공로를 인정받아 1783년 영국 왕립협회 회원으로 선출됐다.

그는 초등학교만 졸업했지만 과학에 박식하고 높은 경륜을 지닌 덕에 1775년 발족한 만월회滿月會, Lunar Society의 회원이 되어 당대 최고의 과학자들과 교류하며 친분을 나눴다. 만월회는 달빛 덕택에 밤늦게도 다닐 수 있는 보름달이 뜨는 저녁에 만나는 모임으로, 산업혁명의 불씨를 지핀 매튜 볼턴Matthew Boulton, 증기기관을 만든 제임스 와트James Watt, 산소를 발견한 조셉 프리스틀리Joseph

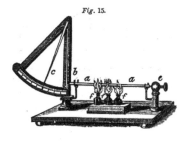

점토를 가열하여 지름이 수축된 정도를 측정해 온도를 추정하는 장치

만월회

Priestley, 진화설의 선구자인 에라스무스 다윈Erasmus Darwin, 천왕성을 발견한 윌리엄 허셜William Herschel 같은 진보적인 과학자들이 활동하던 단체다. 웨지우드는 이 모임에서 에라스무스 다윈을 만나 서로 자식에 이어 손녀와 손자까지 혼인시켰다. 웨지우드는 진화론을 주장한 찰스 다윈의 외할아버지이자 찰스의 아내인 엠마의 친할아버지다. 그는 막대한 자금으로 찰스 다윈을 후원하여 진화론을 탄생시키는 데도 크게 기여했다.

로열 마케팅의 선구자

웨지우드는 바탕흙素地, 성형成型, 유약釉藥, 소성燒成 등 도자기를 빚는 각 단계별로 최고의 기술을 완성했고, 생산, 조달, 유통, 마케팅, 디자인 등 경영 쪽으로도 매우 진보적인 업적을 이뤄냈다. 그는 장인이 모든 과정을 전담하는 방식을 버리고, 분업으로 원가를 낮추고 품질은 유지하는 대량생산 체제를 도입해 앞서 나갔다. 제품의 용도와 목적에 따라 가마, 작업장, 직원을 따로 배치하여 원가와 품질을 관리했다. 직원의 출근과 작업량을 기록하고, 공장 운영 규정과 직원 교육과정을 두었으며, 현금 유동성에 대비해 고정비와 변동비를 나눠 분석하는 회계 체계를 갖추기도 했다. 지금은 당연해 보여도 당시엔 매우 진보적인 경영을 18세기 말에 처음 시도한 것이다. 그는 또한 영국 중부를 흐르는 트렌트Trent강과 머시Mersey강을 잇는 운하 건설을 지원하여 품질 좋은 찰흙을 조달 받고 도자기를 유통하는 기반을 확보했다. 웨지우드는 운하의 중심지인

제품 아랫면에 적힌 웨지우드 로고(2009)

스토크온트렌트Stoke-on-Trent에 증기기관을 설치한 최신 도자기 공
장을 짓고 신제품인 블랙 바살트와 재스퍼 웨어를 대량 생산했다.
　웨지우드는 지금도 활발하게 쓰이는 현대 마케팅 기법을 창
안해내거나 먼저 채택하여 판매에서도 앞서갔다. 20세기에 유행
했고 지금도 널리 쓰이는 상품 안내서, DMDirect Mail, 무료 배송, 환
불 보증, 전시 체험, 셀프 서비스, 외판원 제도, BOGOBuy One Get
One 같은 영업이나 마케팅 활동을 18세기에 벌인 것이다. 웨지우
드는 샬롯 왕비에게 식기 세트를 원가 수준으로 납품하면서 퀸즈
웨어Queen's Ware라는 명칭을 쓸 수 있도록 허락을 받아냈고, 예카
테리나 2세에게 만찬 세트를 공급하면서 대중에게 공개해도 좋다
는 허락을 얻었다. 이른바 로열 마케팅Royal Marketing 또는 귀족 마
케팅Noblesse Marketing이다. 해외 시장에 눈을 돌린 그는 1771년 예
쁜 자기 세트에 제품 목록과 주문서를 동봉해 독일의 왕족과 귀

족 1천 명에게 소포로 보냈다. 원하면 그 가격에 구입하고, 원치 않으면 돌려보내도 좋다는 친절한 설명과 함께…. 자존심 때문에 쉽게 반송하지 않을 거란 계산이 적중한 사상 최초의 강매Inertia Selling다. 웨지우드는 1760년 가마에서 자기를 굽기 전에 밑바닥에 'Wedgwood'를 새기도록 했다. 처음에는 '짝퉁'을 방지하기 위한 목적이었지만, 궁극적으로 고객에게 브랜드를 각인하는 브랜드 마케팅의 효시가 되었다. 웨지우드는 '영국 도공의 아버지'라는 명예를 넘어 '18세기의 스티브 잡스'로 칭송받고 있다.

흙으로 빚은 사랑

....

왕실의 후원을 업고 귀족과 거래했지만, 진보적이고 청교도적인 성향을 가진 웨지우드는 노예 제도를 앞장서서 반대했다. 그는 노예 무역을 폐지하자는 캠페인을 지원하기 위해 1787년 도자기로 예쁜 장신구를 대량으로 만들어 무료로 나눠주었다. 장신구는 손과 발이 쇠사슬로 묶인 채 무릎을 꿇고 있는 흑인 노예가 하늘을 향해 울부짖는 장면을 담고 있다. "나는 사람도 형제도 아닙니까?"[42] 재스퍼 웨어에 돋을새김[43]으로 구운 이 카메오Cameo[44]는 패션 소품이 되어 브로치, 머리핀, 팔찌, 메달 같은 장신구에 달리고, 차나 담배를 담는 상자나 접시에도 새겨져 노예 폐지 운동의 상징으로 확산됐다. 이 카메오는 프랑스와 미국으로도 건너가 프랑스혁명과 미

42   Am I Not a Man And a Brother?

노예무역 폐지를 위해 웨지우드가 제작한 카메오(1787)

국의 노예 해방 운동에도 영향을 미쳤다.

토기土器, Earthenware, 도기陶器, Pottery, 자기瓷器, Porcelain는 주로 굽는 온도로 구분한다. 토기는 500~600℃, 도기는 1000~1300℃, 자기는 1300℃ 이상의 온도에서 굽는다. 높은 온도에서 구울수록 잘 깨지지 않고 빛깔이 맑고 곱다. 찰흙의 성분이나 품질보다는 굽는 온도에 따라 도기가 되기도 하고 자기가 되기도 하는 것이다. 그렇기 때문에 증기기관으로 높은 화력을 확보한 영국이 본차이나를 먼저 발명한 것은 당연한 결과다. 옹기甕器는 유약을 칠했는

---

43 물건의 표면에 글자나 그림을 도드라지게 새기는 것.
44 사람의 얼굴을 돋을새김으로 새긴 장신구.

지, 몇 번 구웠는지에 따라 나뉜다. 질그릇은 진흙을 빚어 바로 구운 것이고, 오지그릇은 질그릇에 오짓물잿물을 입혀 한 번 더 구운 것이다. 질그릇이든 오지그릇이든 모두 흙으로 빚는다. 웨지우드는 하느님이 '흙'으로 사람을 빚었다는 걸 잘 알고 있었다. 그래서 그의 외침이 더 가슴 깊이 파고드는지도 모른다.

"나는 사람도, 형제도 아닙니까?"

결혼은 항상
같은 질문으로 시작한다

라푼젤의 결혼반지

15세기 부르고뉴Bourgogne 공국의 마지막 공작부인 마리Mary of Burgundy는 아버지 '용감한 샤를 공작Charles The Bold'이 낭시 전투에서 죽자, 스무 살에 공국을 물려받아 '부귀한 마리Mary The Rich'라 불렸다. 마리의 대부였던 프랑스의 루이 11세재위: 1461~1483는 부르고뉴를 병합하기 위해 마리에게 열네 살이나 어린 자신의 여섯 살짜리 아들 샤를 8세와 결혼하라고 괴롭혔다. 집요한 청혼 때문에 고민하던 마리는 아버지가 일찌감치 사윗감으로 점찍어두었던 오스트리아의 막시밀리안 대공을 선택했다. 대공은 기사도 정신이 투철하여 '중세의 마지막 기사'로 불렸으며, 1493년 신성로마제국의 황제에 올라 합스부르크 왕가를 부흥시켰다. 마리는 루이 11세에게 붙잡혀 탑에 갇혀 있다가 긴 머리카락을 잘라 몰래 대공에게

마리 공작부인 초상화와 그의 남편 막시밀리안 대공이 보낸 약혼반지

고대 이집트에서는 심장과 이어진 사랑의 핏줄이 왼손 약지에서 나온다고 믿었다.

전갈을 보낸 것으로 알려져 있다. 독일의 그림 형제 동화집에 수록된 〈라푼젤〉은 이 사건을 소재로 만들어진 것이다.

결혼할 때 반지를 주고받는 행위는 기원전 2800년께 고대 이집트에서 시작된 풍습이다. 평민은 파피루스나 대마의 섬유를 꼬아 만든 고리를, 왕족은 금이나 은으로 만든 고리를 약혼자의 왼손 약지에 끼워주었다. 심장으로 바로 연결되는 '사랑의 핏줄Vena Amoris'이 왼손 약지에서 나온다고 믿었기 때문이다. 교황 니콜라오 1세는 860년에 쓴 서신에서 가톨릭교도는 약혼녀에게 반지를 선물한다고 밝혔다. 이후 금속으로 만든 고리에 신랑과 신부의 이름을 새긴 반지는 혼인 성사에서 중요한 결혼의 증표가 됐다. 막시밀리안 대공은 1477년 은銀으로 만든 투구와 화려한 갑옷을 입고 부르고뉴 궁전에서 마리 공작부인과 결혼식을 올렸다. 결혼 하루 전날 대공은 다이아몬드로 마리의 머리글자 'M'을 수놓은 반지를 선물했다. 다이아몬드 반지로 청혼한 최초의 기록이다.

마케팅으로 등극한 다이아몬드왕

....

찰스 티파니Charles Tiffany는 1812년 미국 코네티컷에서 목화 공장을 운영하는 부모에게서 태어나 15세부터 부모의 잡화점과 방앗간에서 일을 배웠다. 호기심을 끄는 아기자기한 잡화에 관심을 갖던 찰스는 1837년 아버지에게서 1천 달러를 빌려 친구 존 영John Young과 함께 뉴욕 맨해튼에 가게를 열었다. 처음에는 문구류, 기념품, 선물용품, 장식 용품 같은 걸 팔다가 4년 뒤부터 보헤미아에서 가져온 유리, 도자기, 식기류, 시계, 보석처럼 왕실에서 애용하는 상품으로 인기를 끌었다. 티파니는 1845년 미국에서 처음으로 우편 주문 안내 책자인 '블루 북Blue Book'을 발간하고, 정가를 표시해 할인이나 외상으로는 거래하지 않는 정책을 내세워 신뢰를 얻었다.

대서양 건너편에 있는 미국에게 유럽의 격변은 커다란 기회였다. 1848년 프랑스에서 2월 혁명이 일어나 왕정이 끝나고 공화정이 수립되면서 몰락한 프랑스의 왕족들이 가지고 있던 귀금속과 보석을 시장에 내다 팔기 시작했다. 산업혁명과 남북전쟁의 틈

찰스 티파니(1812~1902)   (왼쪽)찰스 티파니와 그의 가게 전경(1887)

바구니에서 거대한 부를 축적한 미국의 사업가들이 그 장신구들
을 대량으로 사들였다. '해운왕' 코넬리우스 밴더빌트, '모피왕' 존
애스터, 금융 전문가 존 모건, 언론인 조지프 퓰리처 같은 신흥 부
자들이다. 그들에게 보석 거래를 중계한 회사가 바로 티파니다. 프
랑스 제2 제정이 몰락하고, 1887년 나폴레옹 3세 왕족의 장신구가
경매로 나왔을 때 티파니는 유제니 황후의 다이아몬드 목걸이를
비롯해 전체 69점 중 24점을 사들였다. 당시 언론은 찰스 티파니를
'다이아몬드왕'이라고 불렀다. '철강왕' 카네기나 '석유왕' 록펠러
와 같은 급이었다.

보석의 기준을 바꾼 기술 혁신

찰스는 1853년 동업자의 지분을 사들여 회사 이름을 티파니앤코

Tiffany&Co.로 바꾸었다. 초기에는 대서양 횡단 케이블 개통 기념식 (1858), 자유의 여신상 개막식(1884) 같은 대형 행사의 초청장을 만드는 데 그쳤지만, 남북전쟁 중 북부 연합군에게 깃발이나 칼을 공급하면서 금속 가공 기술을 확보해 장신구를 제조하는 기술 중심 기업으로 변신하는 데 성공했다. 티파니의 가장 성공적인 투자는 보석학의 대가 조지 쿤츠George Kunz를 영입한 것이다. 쿤츠는 어릴 때부터 수집한 희귀한 돌 4천 점을 미네소타 대학에 400달러를 받고 팔기도 했다. 그는 매우 희귀한 전기석電氣石, Tourmaline을 티파니에 팔면서 23세에 티파니의 부사장이 되었다.

희귀한 빛깔을 내는 원석이 루비, 에메랄드, 사파이어 같은 보석과 같은 급으로 대접받게 된 것은 티파니, 구체적으로 말하면 쿤츠 박사 덕택이다. 쿤츠는 1902년 미국 샌디에이고에서 은은한 라일락 핑크빛을 내는 독특한 휘석輝石, Pyroxene을 발견했다. 자신의 이름을 따 '쿤자이트Kunzite'로 명명한 이 변종 휘석은 다이아몬드

조지 프레더릭 쿤츠(1856~1932)

와 어울려 낭만적인 느낌을 준다. 1910년 마다가스카르에서 발견된 변종 녹주석綠柱石, Beryl은 보석 업계를 후원해준 금융 전문가 존 모건의 이름을 빌려 '모거나이트Morganite'라고 불렀다. 이밖에도 1966년 탄자니아에서 발견된 녹염석綠鹽石, Epidote의 변종인 탄자나이트Tanzanite, 1971년 케냐의 차보 국립공원에서 발견된 석류석石榴石, Garnet의 일종인 차보라이트Tsavorite도 티파니에서 가치를 인정받았다. 당시엔 희귀한 보석이나 원석을 발견하면 티파니에 보내 감정을 받거나 매입을 요청했기 때문이다.

티파니가 감정하고 매입한 대표적인 보석이 1878년 남아프리카 킴벌리에서 발견된 287.42캐럿(57.5g)짜리 옐로 다이아몬드다. 쿤츠는 이 거대한 다이아몬드를 놓고 1년 남짓 고민한 끝에 82면 브릴리언트 컷Brilliant Cut으로 가공해 128.54캐럿(25.7g)으로 줄여놓았다. 당시 1만 8천 달러에 사들인 다이아몬드에서 과감하게 절반이 넘는 분량을 깎아버린 것이다. 그것도 23세의 젊은 부사장이 티파니에 입사하자마자! '안에서 불꽃이 타오르는 듯한' 인상을 주는 이 다이아몬드는 보석의 크기보다 광채를 중시하는 티파니의 기준이 됐다. 이 보석이 바로 옐로 다이아몬드 중 가장 크고 화려하다는 '티파니 다이아몬드'다. 보석 디자이너 장 슐룅베르제 Jean Schlumberger는 1960년 옐로 다이아몬드로 '리본 로제트Ribbon Rosette' 목걸이를 만들었다. 영화 〈티파니에서 아침을〉(1961) 포스터에 등장하는 오드리 헵번의 갸름한 목에 걸린 목걸이가 바로 이것이다. 카나리아처럼 노란 이 다이아몬드는 1995년 브로치 '바위에 앉은 새Bird On A Rock'로 가공되었다가, 2012년 티파니 창립 175주년을 맞아 120캐럿이 넘는 화이트 다이아몬드와 함께 목걸이에 장식됐다.

리본 로제트(1960)

Bird On A Rock(1995)

순수한 은은 성질이 물러서 실용성이 떨어지기 때문에 다른 금속을 섞어 합금으로 이용한다. 가장 대표적인 합금 형태가 은 92.5%에 구리 7.5%를 섞은 '스털링 실버Sterling Silver'다. 10세기께 유럽에서 등장한 스털링 실버는 가공하기 쉬운 데다 광택이 뛰어나 백금처럼 고급스러운 느낌을 준다. 티파니는 1851년 뉴욕의 은 세공소를 인수한 뒤 품질이 뛰어난 스털링 실버 기술 개발에 몰두해 1867년 파리 만국박람회 은 세공 분야에서 최고 메달을 받았다. 미국 기업으로는 최초로 은 세공 기술에서 최고로 인정받은 것이다. 1861년 링컨 대통령 취임식에 쓰인 은 주전자를 비롯해 NFLNational Football League, MLBMajor League Baseball, PGAProfessional Golfers' Association 같은 대형 스포츠 대회의 우승컵도 티파니가 만들었다.

외알 반지의 제왕

보석이 광채를 많이 드러내려면 보석을 가리는 부위가 좁아야 한다. 티파니는 1886년 반지의 난집[45]에 보석을 담는 형태가 아니라, 앙증맞은 손가락prong 여섯 개가 보석을 꽉 붙잡는 형태의 반지를 선보였다. 꽃받침이 꽃부리를 꼭 붙잡고 있는 듯한 모양이다. '티파니 세팅Tiffany Setting'은 복잡한 장식 없이 다이아몬드 한 알만 달랑 물고 있는 맵시 있는 외알박이 반지Solitaire로 큰 인기를 끌었다. 막시밀리안 대공이 마리 공작부인에게 다이아몬드 반지를 바치며 청혼하는 그 낭만적인 장면을 400년이 지난 지금, 많은 사람들이 흉내 낼 수 있게 된 것이다. 티파니 세팅 덕택이다. 청혼이나 약혼할 때 남자가 여자에게 바치는 다이아몬드 반지는 신부가 원하는 형태로 가공해 결혼식에서 신부를 가장 돋보이게 하는 장신구로 부활한다.

[45] 보석을 반지에 고정하기 위해 짠 틀.

Six Prong Solitaire 약혼반지

　　찰스 티파니의 아들 루이스Louis도 기술과 예술의 영역에서 조예가 깊었다. 루이스는 1894년 흠집이나 거품이 있는 유리 물병에 햇빛이 비치면 무지갯빛이 도는 것을 보고, 흠집이나 거품을 넣은 유리에 금속 증기를 쐬어 색유리를 발명했다. 투명 유리에 에나멜을 칠해 색을 내는 게 아니라, 유리 자체에서 환상적인 색이 나는 공예 유리다. '파브릴 글라스Favrile glass', 또는 '티파니 유리Tiffany Glass'라고도 한다. 티파니 유리로 알록달록하게 꾸민 창이 '티파니 창Tiffany Window'이다. 루이스는 샤르트르 대성당의 스테인드글라스Stained Glass에서 영감을 받아, 진줏빛이나 무지갯빛을 내는 파브릴글라스를 이어 붙여 스테인드글라스처럼 화려한 갓을 자랑하는 '티파니 램프Tiffany Lamp'를 선보였다. 또한 루이스는 토머스 에디슨과 공동으로 극장의 무대 앞쪽 막이 내려오는 곳에 한 줄로 설치해 무대를 비추는 각광脚光, Footlight을 비롯한 극장식 조명 기구를 발명하기도 했다.

사계절을 표현한 Tiffany Window 중
'Spring'

티파니 램프(1910)

대중을 향한 브랜드 마케팅

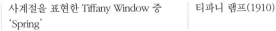

18~19세기에 등장한 유럽 명품 브랜드의 창업주는 대부분 장인
출신인 데 반해, 미국 명품 브랜드의 창업주는 상인 출신이 많다.
유럽 명품 브랜드의 고객은 왕족이었지만, 미국 명품 브랜드의 고
객은 신흥 부자들이었다. 유럽 왕족에 열등감을 갖고 있던 미국의
신흥 부자들은 왕족의 보석을 사들이거나 더 비싼 보석을 주문하
며 신분 상승을 꿈꾸었다. 당시 미국에서 티파니의 보석을 소유한
다는 건 상류층이 됐다는 걸 의미했다. 오드리 헵번이 주연을 맡
은 영화 〈티파니에서 아침을〉은 밑바닥 인생을 사는 여성이 아침
마다 뉴욕 5번가에 있는 티파니 매장의 진열창을 들여다보며 상류
층을 꿈꾸는 내용을 담고 있다.

　유럽의 명품 브랜드는 왕족의 후원을 받으며 성장한 데 반

영화 〈티파니에서 아침을〉에서 티파니 매 장의 진열창을 들여다보는 오드리 헵번

링컨 대통령이 취임식에서 부인 메리 여사에게 선물한 목걸이와 팔찌

해 티파니는 미국 역대 대통령의 지원을 받아 발전했다. 유럽으로 부터 독립하려는 미국의 지도층이 공개적으로 유럽 브랜드 제품 을 구매하기가 어려웠기 때문이다. 티파니가 지원한 북부 연합군 이 남북전쟁에서 승리한 덕택이기도 하다. 에이브러햄 링컨 대통령 은 1861년 취임식에서 부인 메리 여사에게 티파니의 진주 목걸이 와 팔찌를 선물했다. 링컨 대통령이 암살당한 뒤 부임한 앤드류 존 슨 대통령의 부인은 티파니에 백악관 납품용 도자기를 만들어달라 고 주문했다. 아이젠하워 대통령은 부인에게 줄 선물을 구매할 때 가격을 깎으려다가, 링컨 대통령은 값을 깎지 않았다는 말을 듣고 선뜻 정가를 다 지불했다. 존 케네디 대통령과 부인 재클린도 티파 니에서 선물을 샀으며, 특히 재클린 여사가 즐겨 끼고 다니던 팔찌 는 '재키 팔찌'라는 별명을 얻기도 했다.

유럽 명품 브랜드는 왕족끼리 비밀스럽게 소개하거나 서로 추천해 알음알음 고객을 늘려나갔다. 티파니는 영화나 팝송 같은 대중문화를 이용해 많은 사람들에게 한꺼번에 브랜드 이미지를 확산시키는 전략을 구사했다. 가장 성공적인 사례는 제목에서까지 브랜드를 드러낸 영화 〈티파니에서 아침을〉이다. 마릴린 먼로는 영화 〈숙녀들의 합창〉(1949)에서 "Every baby needs a da-da-daddy"를 부른다. 티파니 매장 안으로 들어가 자신을 보호해줄 남성을 만나고 싶다는 내용이다. 그녀는 영화 〈신사는 금발을 좋아해〉(1953)에서 "뻣뻣한 허리와 무릎도 티파니에 가면 바로 펴진다"[46]며, "다이아몬드가 여자에겐 최고의 친구"[47]라고 외친다. 이를 두고 미국의 록그룹 이글스Eagles는 노래 〈호텔 캘리포니아〉에서 "그녀는 티파니에 사로잡혔지"[48]라고 비꼬기도 했다.

당시 영국에서는 신부가 정든 물건, 새로운 물건, 빌린 물건을 하나씩 갖고 결혼식에 등장하는 풍습이 있었다. 정든 물건은 가족을 잊지 않겠다는 뜻이고, 새로운 물건은 새로운 인생을 시작한다는 신호, 빌린 물건은 행운을 얻고 싶다는 소망을 뜻했다. 하객은 신부에게 '파란 물건Something Blue' 하나를 선물하고, 왼쪽 구두에 6펜스짜리 은화 한 냥을 넣어줬다. 파란 손수건이나 브로치 같은 파란 물건은 '소박한 행복'을 상징하고, 은화 한 냥은 청빈淸貧하게 살라는 축복이다. 티파니는 신부가 선물 받던 '파란 물건'을 '티파니 블루Tiffany Blue'로 바꿔놓았다. 늦가을에 보는 높은 하늘의 색

46 But stiff back or stiff knees, You stand straight at Tiffany's.
47 Diamonds are a girl's best friend.
48 Her mind is Tiffany twisted.

티파니 블루 박스

이라 표현할 수 있겠다. 터키석Turquoise이나 울새Swinhoe's Bushrobin의 알처럼 신비한 기운이 도는 듯한 옅은 파란색은 뭇 여성들의 가슴을 설레게 만든다. 결혼은 항상 같은 질문으로 시작한다. 막시밀리안 대공이 마리 공작부인에게 청혼할 때도 같은 질문을 했을 것이다. "나와 결혼해주시겠습니까?"[49]

49   Every Life Shared Begins with a question: Will you marry me?

209

15

프라다
PRADA

패션은 세상을 향해
자신을 표현하는 방법이다

가죽과 향수의 함수

....

향수의 수도Capital of Perfume라 불리는 프랑스 남동부의 그라스Grasse
는 18세기 중반만 하더라도 '악취의 수도'라 불러도 될 만큼 고약
한 냄새로 찌든 마을이었다. 그라스에서는 12세기부터 르네상스를
거치면서 가죽을 무두질해 가죽 제품을 만드는 제혁 산업이 발전
했다. 짐승을 죽여 가죽을 벗기고, 가죽에서 피와 털을 제거한 뒤
살점이나 지방질을 발라내는 과정은 물론, 가죽을 부드럽게 만들
기 위해 똥 더미에 재우거나 양잿물에 담가 석회 성분을 뽑아내고
헹구는 탈회脫灰 공정을 거치면서 지독하게 혐오스러운 냄새가 풍
겼다. 또 곳곳에 쌓인 짐승의 분뇨와 사체에 구더기가 꾀고, 흥건
한 피와 뜯긴 살점이 쌓인 쓰레기 더미가 부패하면서 마을 밖으로
어마어마한 악취를 토해냈다. 그래도 당시 유럽 왕족들은 그 가죽

에 배어 있는 악취를 감당할 만큼 그라스에서 나온 품질 좋은 가죽 제품을 선호했다. 특히 이탈리아 출신의 카트린 드 메디시스 왕후는 그라스에 실험실을 세우고 향기 나는 가죽 제품을 만들도록 격려하기도 했다.

지중해 연안의 강렬한 햇살은 악취만큼 선명한 향기를 마을 주변에 펼쳐놓았다. 바이올렛, 재스민, 라벤더, 미모사, 튜베로즈 등 향기가 강해 향수를 만드는 데 제격인 꽃과 잎과 열매를 가진 풀들이 지천에 피어났다. 여인의 체취에 탐닉한 악마적인 조향사를 그린 영화 〈향수〉(2006)의 배경도 그라스다. 더러운 시장에서 태어나 시궁창에 버려진 주인공 장 바티스트 그르누이는 무두질을 배우다가 조향調香에 놀라운 재능을 발견한다.

그라스의 이웃 마을 세라농Seranon의 영주였던 장 드 갈리마르Jean de Galimard는 꽃이나 잎에서 뽑아낸 오일로 향수를 만드는 방법을 정립하고 가죽 장갑에 향수를 묻힌 '향기 장갑'으로 큰 인기를 끌었다. 그는 1747년 프랑스에서 가장 오래된 향수 회사인 갈리마르Galimard를 설립하고 루이 15세에게 향수를 공급하기 시작했다.

18세기 말 산업혁명으로 가죽 제품의 수요가 크게 늘어나고 가죽을 가공할 때 필요한 기계와 약품이 등장하면서 무두질이 피혁 산업으로 발전했다. 프랑스의 화학자 니콜라 보클랭Nicholas Vauquelin이 1797년 납광에서 크롬Chrome을 분리하고, 제자인 독일의 프리드리히 크나프Friedrich Knapp가 1858년 크롬 무두질법을 개발했다. 이어 독일의 아우구스투스 슐츠Augustus Schultz가 1884년 가죽을 중크롬산염 용액에 담갔다가 환원욕還元浴으로 헹구는 이욕법二浴法을 정립하고, 미국의 마틴 데니스Martin Denis가 1893년 간편한 일욕법-浴法으로 현재의 크롬 무두질 공법을 완성했다. 이에 따라 20세기 들어 값싸고 멋진 제품이 널리 보급되면서 왕족이나 귀족의 품위를 자랑하던 수제手製 가죽이 공장에서 쏟아져 나와 신흥 부자들의 패션을 담당하기 시작했다.

가죽 기술의 변곡점에서

....

이탈리아 밀라노의 부유한 공무원 집안에서 태어난 마리오 프라다Mario Prada는 여행을 좋아해 일찌감치 외국을 다니며 진귀한 물품들을 많이 보고 유럽 상류층의 생활을 두루 경험했다. 마리오는 1913년 동생 마르티노Martino와 함께 밀라노에 '프라다 형제들Fratelli Prada, Prada Brothers'이라는 간판으로 가게를 열고 상류층을 고객 삼아 고급 가죽으로 만든 장갑, 화장품 갑, 핸드백, 구두, 가방, 시계, 지팡이, 여행 용품 같은 제품을 들여오거나 직접 만들어 팔기 시작했다. 이를테면 도마뱀 가죽 핸드백, 두꺼비 가죽 지갑, 청금석을 박은 버클, 상아 장식이 달린 비단 핸드백처럼 보석, 크리스탈, 상아, 티크Teak 원목, 거북이 등 껍데기 같은 진귀한 재료나 소품을 사용해 만든 사치스러운 여행용 가죽 제품을 판매했다. 프라다는 창업 6년째인 1919년 이탈리아 사보이 왕실의 납품 업체로 지정될 만큼 큰 인기를 누렸다.

마리오는 예술가나 장인들과 어울리면서 새로운 가죽 제품을 직접 기획하고 만들기를 좋아했다. 한번은 비행기를 타야 하는 긴 여행을 소화하기엔 바다코끼리 가죽으로 만든 여행 가방이 너

마리오 프라다   프라다 사피아노 가죽

무 무겁고 불편하다는 얘길 들었다. 당시 기술로 무두질한 가죽은
물에 젖으면 늘어나고 마르면 뻣뻣해지는 데다, 나중엔 곰팡이까
지 피어 쿰쿰한 냄새를 풍겼기 때문이다. 숱한 실험 끝에 마리오는
1913년 왁스를 칠한 송아지 가죽Calf 원단을 매우 촘촘한 그물 무
늬 스탬프로 눌러 찍은 사피아노Saffiano 가죽을 개발해 특허를 내
기도 했다. 사피아노 가죽은 흠집이 잘 나지 않고 물에 잘 젖지 않
으며 반질반질한 윤기까지 흘렀다. 사피아노는 이탈리아어로 '그물
무늬'라는 뜻이다. 또한 그는 미국 나파 밸리Napa Valley에서 개발된
나파 가죽Nappa Leather 공법으로 양가죽을 비단처럼 부드럽게 만들
어 주름을 잡은 가방을 만들기도 했다. 사피아노 백은 미란다 커
가, 나파 백은 마돈나가 즐겨 들었기 때문에 각각 '미란다 백', '마
돈나 백'이라고도 한다.

　　당시 이탈리아의 가부장적인 분위기에서 자란 고집 센 마
리오는 여자가 사업하는 것을 탐탁지 않게 여겼다. 사업은커녕 여

자가 가게에 들어오는 것조차 막았을 정도다. 마리오는 페르난다Fernanda와 결혼해 1남 2녀를 낳았다. 제2차 세계대전에서 이탈리아가 패해 경기가 어려워지자 마리오는 아들에게 사업을 물려주려 했지만, 그의 아들 알베르토Alberto가 별 관심을 보이지 않았다. 그러던 와중에 1958년 마리오가 사망하면서 장녀 루이사Luisa가 사업을 물려받게 되었다. 루이사는 20년 동안 열심히 가업을 이어갔지만 값싸고 품질 좋은 합성피혁Synthetic Leather과 인조가죽Artificial Leather이 등장하면서 값비싼 수제 가죽의 수요가 크게 줄고, 이렇다 할 새로운 기술을 확보하지 못해 큰 곤경에 빠졌다.

프라다의 삐딱한 시선

가죽을 1차 가공하는 무두질 공법이 19세기 말에 완성됐다면 20세기 초에는 가죽을 2차 가공하는 제혁 기술이 발달했다. 합성염료 아닐린Aniline을 입힌 아닐린 가죽, 연마하고 코팅해 만든 피그먼트Pigmented 가죽, 에나멜을 씌운 에나멜 가죽, 살짝 긁어 보풀을 만든 스웨이드나 누벅Nubuck 같은 가죽 등을 만드는 기술이다. 또 유기화학이 발달하면서 가죽을 보완할 대체재들이 잇달아 등장했다. 바닥포Base 표면을 얇게 코팅하는 데서 발전하여 바닥포에 두툼한 합성수지를 깔고 압착한 압연 가죽Laminated Leather도 개발됐다. 합성피혁은 피륙에 비닐, 나일론, 폴리우레탄 등을 압착해 만든 것이고, 인조가죽은 부직포에 폴리우레탄을 눌러 붙인 것이다.

여자가 사업을 하면 안 된다던 마리오의 고집은 두 번이나 꺾

미우치아 프라다와 그의 남편 파트리치오 베르 | 프라다 백팩(1984)
텔리

였다. 아들이 사업에 관심이 없어 딸에게 넘어간 사업이 다시 외손
녀에게 넘어간 것이다. 마리오의 딸 루이사는 루이지 비안키Luigi
Bianchi와 결혼해 1남 2녀를 두었다. 남편도 아들도 사업에 관심을
보이지 않자 그녀는 1977년 막내딸 미우치아Miuccia를 불러 가업을
잇게 했다. 자유분방하게 살면서 가게엔 한 번도 들르지 않았던 미
우치아는 28세에 어머니의 절박한 부름을 받고 외할아버지의 가
업을 물려받았다. 그해 미우치아는 시장조사차 들른 견본 시장에
서 프라다의 '짝퉁'을 발견하고 깜짝 놀랐다. '짝퉁'의 주인 파트리
치오 베르텔리Patrizio Bertelli를 찾아 손해배상과 소송을 들먹이며 겁
을 줬지만, 베르텔리는 오히려 미우치아의 가게까지 찾아와 프라다
의 문제점을 조목조목 지적하며 넉살 좋게 동업을 제안했다. 이듬
해 사귀기 시작한 그들은 8년간 동거한 뒤 1987년 결혼했다.

새로운 패션에 걸맞은 새로운 소재를 찾던 미우치아는 1979
년 창고에서 가죽 트렁크 제품을 감싼 깔끔한 포장재를 발견했다.

외할아버지 마리오가 가죽 트렁크를 증기선에 실어 수출할 때 포장하는 용도로 쓰던 것이었다. 이탈리아의 리몬타Limonta에서 군용으로 개발한 포코노 나일론Pocono Nylon은 폴리아미드Polyamide로 만들어 가벼우면서도 질기고 방수성도 뛰어나 낙하산, 비옷, 천막 같은 군수품을 제작하는 데 사용했다. 미우치아는 포코노를 소재로 깔끔하고 검은 윤기가 살짝 비치는 토트백Tote Bag과 백팩Backpack을 만들어 시장에 선보였다. 'PRADA MILANO'라고 적힌 역삼각형 금속 장식도 이때부터 붙이기 시작했다. 당시 파산 위기에 몰릴 만큼 어려웠던 프라다는 깔끔하고 실용적인 포코노 백으로 선풍적인 인기를 끌면서 경영 위기에서 벗어났다. 이어 1985년 나일론을 소재로 만든 검은 클래식 핸드백Classic Handbag을 성공시키면서 프라다는 성공 가도를 달리기 시작했다.

핸드백에서 브랜드를 인정받은 프라다는 1989년 여성 패션 시장에 진출했다. 패션에 어울리는 핸드백을 만들 게 아니라, 핸드백에 어울리는 패션을 창조하기로 결심한 것이다. 프라다는 먼저 긴 허리선과 가는 벨트와 깔끔한 원색의 화려한 원단으로 지은 드레스를 선보였다. 이때부터 프라다는 절제미와 도시적인 지성미를 느끼게 하는 '프라다 시크Prada Chic'라는 이미지를 가지면서 성공한 직장 여성의 패션으로 떠올랐다. 프라다는 1992년 10~20대 여성을 겨냥한 브랜드 '미우미우Miu Miu'에 이어, 3년 뒤 젊은 남성을 위한 브랜드 '워모Uomo'를 발표했다. 프라다는 단순·간결을 추구하는 미니멀리즘Minimalism의 물결을 타고 도발적이고 실험적인 스타일로 성공을 쟁취하려는 강한 욕망을 드러낸다. 짧은 치마에 흰 양말과 하이힐, 고급 칵테일 드레스에 털모자, 작업복 같은 의상에 예쁜 티아라Tiara, 남자 정장에 운동화처럼 고정관념에 어긋나는 '삐딱한 취향Bad Tastes'으로 프라다의 브랜드 컨셉을 확립해나갔다.

악마가 프라다를 입는 이유

....

악마는 왜 하필 프라다를 입을까? 제목에서부터 '프라다'를 노골적으로 드러낸 영화 〈악마는 프라다를 입는다〉(2006)에서 악마 같은 편집장 역을 맡은 메릴 스트립은 정작 프라다가 아닌 다른 브랜드의 제품을 더 자주 입었는데 말이다. 프라다는 여성적인 매력보다는 중성적인 맵시를 추구한다. 자신의 능력으로 성공을 향해 질주하는 전문직 여성들이 득실거리는 뉴욕에서 가장 대중적인 명품이다. 뉴욕에서 성공하려면 '악마'가 될 수밖에 없고, '악마'가 되려면 가장 지적이고 도시적인 느낌을 주는 프라다를 걸쳐야 한다. 미국에서 역대 가장 어린 영부인이자 1960년대 패션을 선도한 재클린 케네디는 프라다 백으로 단아하고 기품 있는 '재키룩Jackie-look'을 완성했다. 전문직 여성 뉴요커New Yorker의 연애담을 다룬 드라마 〈섹스 앤 더 시티〉에 등장하는 여성들은 직업이 각각 칼럼니스트, 변호사, 홍보 전문가, 갤러리 딜러다. 그들은 프라다의 드레스와 가방을 즐겨 걸친다.

어쩌면 프라다에는 악마의 유전자가 깃들어 있는지도 모른다. 영화 〈로미오와 줄리엣〉(1996)에서 부모의 반대를 무시하고 원수의 자식과 결혼한 로미오와 줄리엣은 그들의 집안은 물론 상대 집안에서도 철부지 악마처럼 보일 수밖에 없다. 몰래 저지른 결혼

영화 〈악마는 프라다를 입는다〉의
한 장면(2006)

영화 〈위대한 개츠비〉에서 미우미우
제품을 입은 데이지(2013)

식에서 로미오는 워모를, 줄리엣은 미우미우를 입었다. 영화 〈위대
한 개츠비〉(2013)에서 개츠비를 두 번이나 배신한 데이지는 '미우미
우'를 즐겨 입었다. 화려한 파티를 돋보이게 만든 플래퍼 룩Flapper-
look[50]과 가르손느 룩Garçonne-look[51]의 드레스는 모두 프라다 아니면
미우미우다. 제1차 세계대전으로 사회에 환멸을 느끼고 허무한 쾌
락에 빠졌던 1920년대 미국의 '잃어버린 세대Lost Generation'들이 입
던 삐딱한 옷차림이다.

  입 생 로랑Yves Saint Laurent이나 앙드레 쿠레주Andre Courreges 같
은 비싼 옷을 입고 다니면서 공산주의와 여성해방을 외친 미우치

---

50   1920년대 자유를 추구하며 복장과 행동에서 관습을 깨뜨린 젊은 여성들의 옷차
림을 일컫는다.

51   1920년대 후반 유럽에서 유행한 스타일로 소년 같은 분위기에서 여성다움을 추
구하는 패션이다.

아는 도대체 무엇을 주장하고 싶었을까? 밀라노 대학에서 정치학 박사 학위를 받은 뒤 소극장에서 무언극無言劇을 하던 그녀는 도대체 무엇을 말하고 싶었던 걸까? 아버지의 성Bianchi도 남편의 성Bertelli도 아닌, 외할아버지의 성Prada을 고집한 이유는 도대체 무엇일까? 미우치아는 스스로 '악마'가 되기로 작정했다. "추한 것이 매력적이고 추한 것이 흥미진진"[52]하기 때문이다. 그녀는 가죽을 벗고 나일론을 걸쳤다. 나일론은 악마가 즐겨 입는 인스턴트 가죽Instant Leather이다. 갈수록 사람 만나는 일이 잦아질 때 '인스턴트 가죽'이 필요할 수밖에 없다. 미우치아가 말했다. "옷차림은 세상을 향해 자신을 표현하는 방법이다. 패션은 인스턴트 언어다."[53]

---

52   Ugly is attractive, ugly is exciting.

53   What you wear is how you present yourself to the world. Fashion is Instant Language.

가치

VALUE

보편적인 가치로 펼쳐라

16

까르띠에
Cartier

진실한 사랑은
저마다의 색으로 빛난다

'망할 놈의 금속'이 일으킨 혁신

....

1786년 스페인 왕실 연구소에서 한 과학자가 플라스크 같은 실험 기구를 마구 집어던지고 온갖 화학 용액을 쏟아버리며 고래고래 소리를 질렀다. "이 망할 놈의 금속, 두 번 다시 연구하지 않겠다!" 당시 스페인의 계몽 군주 카를로스 3세재위: 1759~1788는 마드리드에 광물 연구소를 설치하고 엄청난 자금을 들여 프랑스 출신의 화학자 피에르 프랑수아 샤바노Pierre-François Chabaneau의 연구를 후원했지만, '망할 놈의 금속'은 광석 속에 숨어 좀처럼 정체를 드러내지 않았다. 연구실을 박살낸 소동도 잠시, 왕의 신뢰와 후원에 힘입어 샤바노는 불과 몇 달 뒤 은은한 광택이 나는 새로운 금속덩어리를 추출했다. 중남미 스페인 정복지에서 발견돼 카를로스 3세가 각별한 관심을 가졌던 그 '망할 놈의 금속'이 바로 백금白金이다.

피에르 프랑수아 샤바노

백금을 가리키는 영어 단어 Platinum은 스페인어로 '작은 은 Little Silver'이라는 뜻의 Platina에서 나왔다. 생긴 건 은Plata과 비슷했지만 가공할 수 없었기 때문이다. 이탈리아의 인문학자 율리우스 스칼리제르Julius Scaliger는 1557년 백금을 '중남미 스페인 정복지에서 발견된 녹일 수 없는 귀금속'이라 소개했고, 프랑스의 루이 15세는 이 '녹일 수 없는 금속'을 '왕에게 적합한 유일한 금속'이라고 선언하기도 했다. 영국과 스웨덴에서도 백금의 잠재적인 가치를 발견하여 '하얀 금White Gold'이라 불렀다. 유럽의 왕실에서는 백금을 누구보다도 먼저 얻기 위해 과학자들을 시켜 연구하게 했지만, 유럽의 중남미 정복자들은 엘도라도El Dorado의 금과 은에 탐닉한 나머지 채굴 과정에서 나오는 부산물인 백금에는 별 관심을 기울이지 않았다.

18세기 중반에 영국과 경쟁하며 식민지를 확장하던 카를로스 3세의 명령에 따라 중남미를 탐사하던 스페인의 안토니오 데울로아Antonio de Ulloa는 파나마와 콜롬비아의 국경에서 백금 광산을 발견했다. 방대한 물량을 선점한 스페인은 백금을 왕실 전매품으로 지정하고, 샤비노가 개발한 분말야금법[54]으로 1789년 성배聖杯를 만들어 교황 비오 6세에게 바쳤다. 왕실의 각종 장식품에 은은한 백금을 사용하는 '백금 시대Platinum Age'를 선언한 것이다. 1772년 오스트리아의 칼 폰 지킹겐Carl Von Sickingen이 백금 광물을 왕수王水, Aqua regia[55]에 녹여 순수한 백금을 분리해냈고, 19세기 말 들어 새로운 백금 합금이 잇달아 등장하면서 19세기까지 하얀 금, 작은 은 또는 금과 은의 합금으로 알려졌던 백금은 20세기에 차갑고 도도한 얼굴로 금과 은을 능가하는 귀금속의 반열에 올랐다.

백금 기술로 오른 '보석상의 왕'

....

루이 프랑수아 카르티에Louis-François Cartier는 이름이 같은 할아버지처럼 귀금속 세공에 재주를 보였다. 파리에서 작은 보석상을 운영하던 세공사 아돌프 피카르Adolphe Picard의 공방에서 일을 배우던 그는 1847년 스승이 죽자 공방을 인수하여 이름을 '까르띠에'로 바꾸었다. 루이 프랑수아는 서로 다른 종류의 귀금속과 보석을 조합하여 맵시를 내는 데 탁월한 역량을 보였다. 1856년 나폴레옹 3

---

54   금속 분말을 가열하고 결합시켜 원하는 형태의 금속 물체를 만드는 방법.

55   진한 염산과 질산의 혼합액. 금, 백금과 같은 귀금속을 녹일 때 사용한다.

루이 프랑수아 카르티에(1819~1904) | 까르띠에의 첫 구매 고객인 마틸드
공주(1856)

세의 사촌인 마틸드 공주가 공방에 찾아와 카메오와 브로치Broach
를 구입한 데 이어 4년 뒤엔 유제니 황후가 거북이 등 껍데기로 만
든 머리빗과 자수정, 금을 조합한 파뤼르Parure(보석 세트)를 주문하
면서 까르띠에 스타일이 큰 인기를 끌었다.

19세기 말 다이아몬드는 채광 기술과 가공 기술의 발달로 보
석의 황제로 등극했다. 19세기 후반 남아프리카 오렌지강 주변 킴
벌리 지방에서 다이아몬드 광풍Diamond Rush이 불어 공급량이 늘어
났고, 광물학Mineralogy이 보석학Gemmology으로 발전하면서 58면체
로 깎는 브릴리언트 컷 기술을 비롯한 다양한 가공 기술이 발전했
다. 까르띠에는 새로운 장신구 재료로 떠오른 다이아몬드와 백금
을 가공하는 기술이 뛰어났다. 1880년대까지만 해도 다이아몬드,
루비, 사파이어 같은 보석을 고정하는 재료로 주로 은이나 금을
사용했다. 당시 까르띠에는 백금에 니켈이나 이리듐을 섞어 새로운
합금을 개발하고, 가늘게 뽑은 백금으로 둘레를 감싸 보석을 고정

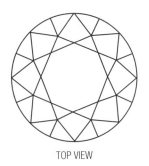

TOP VIEW   SIDE VIEW

브릴리언트 컷

하는 와이어 세팅Wire Setting이나 보석에 홈을 파서 이음새를 감춘 인비저블 세팅Invisible setting 같은 화려한 기술을 선보였다.

프랑스의 벨 에포크Belle Epoque 시대(1890~1914)는 몰락하는 왕족과 떠오르는 신흥 부자가 서로 가문과 부富를 자랑하며 경쟁하던 때였다. 까르띠에는 이 시기에 다이아몬드와 백금을 도입해 더욱 섬세하고 화려해진 하이 주얼리High Jewelry로 패션을 주도했다. 가장 대표적인 것이 백금을 소재로 보석을 꽃, 잎, 가지 모양으로 만들어 화환花環, Garland처럼 엮은 '갈란드 스타일Garland Style'이다. 당시엔 여성의 목과 어깨, 가슴을 훤히 드러내는 데콜테décolletée 양식의 칵테일 드레스나 이브닝 드레스가 유행했다. 상류사회 여성들은 정숙함을 표시하기 위해 갈란드 스타일의 화려한 목걸이로 드러난 맨살을 가렸다. 사실, '정숙을 자랑하기 위해 보석 액세서리Modesty Piece'로 가슴을 가렸다기보다는 화려한 보석을 뽐내기 위해 가슴 선을 드러냈다고 보는 게 맞을 것이다. 제품을 의뢰한 고

백합 모양의 갈란드 스타일
가슴 장식(1906)

까르띠에가 제작한 에드워드
7세의 왕관

객의 피부색은 물론 가슴의 넓이와 굴곡까지 고려해 목걸이를 설
계할 정도였다.

　　티아라Tiara는 까르띠에의 당대 위상을 보여주는 상징적인 장
신구다. 왕관과 머리띠의 중간 형태로, 머리에 쓰는 아름다운 장식
이다. 당시는 여왕이나 왕족 여인의 머리를 장식했지만, 요즘엔 결
혼식에서 흔히 신부의 머리를 꾸미는 데 사용한다. 1902년 영국 알
렉산드리아 왕비는 남편 에드워드 7세재위: 1901~1910의 대관식에 사
용할 왕관과 티아라를 무려 27개나 까르띠에에 주문하기도 했다.
영국의 엘리자베스 2세가 1936년 어머니에게 받아 2011년 손자
인 윌리엄 왕자의 신부 케이트 미들턴에게 물려준 티아라도, 미국
의 영화배우로 모나코의 왕비가 된 그레이스 켈리가 1956년 결혼
할 때 쓴 티아라도 까르띠에가 제작한 것이다. 유럽의 주요 왕실에
보석을 두루 납품하자 에드워드 7세는 까르띠에를 "왕의 보석상이
요, 보석상의 왕Jeweler to Kings, King of Jewelers"이라 칭찬하기도 했다.

하이 주얼리로 보여준 디자인 혁신

....

까르띠에의 핵심 역량은 서로 다른 기술을 융합해 새로운 스타일의 장신구를 창조해내는 능력이다. 왕실의 장신구를 만드는 기술을 가진 최고 전문가는 중세부터 이어온 세 부류의 길드Guild에서 배출됐다. 금이나 은 같은 귀금속을 녹여 주물을 뜨는 길드, 루비나 사파이어 같은 보석을 깎고 세팅하는 길드, 에나멜을 칠하고 불에 구워 고운 빛을 내는 길드 이렇게 셋이다. 루이 프랑수아는 기술의 뿌리가 다른 세 길드에서 최고의 재료와 기술을 도입해 섬세하고 화려한 '까르띠에 스타일'을 창안했다. 1850년대에 금과 에나멜을 위주로 작업하던 세공술을 다이아몬드와 다른 보석에도 확장하고, 1890년대에는 새로운 귀금속인 백금으로 까르띠에 스타일의 토대를 굳혔다. 새로운 재료와 기술에 대한 식견이 없으면 불가능한 일이다.

까르띠에는 새로운 기술을 받아들이듯 새로운 문화도 적극적으로 수용하고 해석하여 고유한 스타일을 창조했다. 교통의 발달로 교류가 늘어나기 시작한 아프리카, 이슬람, 인도, 중국, 일본 지역의 문화와 기술을 앞장서서 도입한 것이다. 이집트에서는 평면 도형(파라오, 스핑크스, 피라미드)을, 그리스에선 메두사나 키메라 같은 신화 속 괴물을, 이슬람에서는 세밀한 꽃무늬를, 인도에서는 불교나 힌두교의 상징(연꽃, 코끼리)을, 중국에서는 용龍과 태극太極 같은 도교道敎의 문양을, 일본에서는 국화나 기모노 같은 모티프를 받아들였다. 특히 루이 카르티에의 손자인 루이 조세프Louis-Joseph는 세계 각국을 돌아다니며 영감을 부풀렸으며, 예술이나 문화는 물론

새장 속의 새 브로치(1942)　　　　인도 스타일 목걸이(1932)

과학과 철학에 이르기까지 두루 관심을 갖고 까르띠에 스타일을
완성하는 데 큰 역할을 했다.

　　카르티에는 장신구를 몸매와 의상에 맞춰 디자인하는 패션
의 시대를 열었다. 하이 주얼리로 하이 패션High Fashion을 이끌어낸
것이다. 루이 카르티에는 오트쿠튀르로 하이 패션을 선도한 찰스
워스와 친분을 다지며 패션에 대한 이해를 넓혔다. 1898년 루이 카
르티에의 손자 루이 조세프와 찰스 워스의 손녀 앙드레의 결혼은
당시 패션을 주도한 양대 가문이 맺은 백년가약이었다.

팬더가 이끄는 사랑의 가치

새로운 문화를 이것저것 끌어들이다 보면 이질적인 요소로 범벅
되기 쉽다. 그러나 까르띠에 스타일은 놀랍게도 '고결한 순수'라는

루이 조세프의 연인 잔 투생(1920)

한 방향을 지향한다. 다이아몬드와 백금의 아우라만큼 고고한 까르띠에가 지향하는 가치는 창업자의 손자 루이 조세프와 까르띠에의 디자이너인 잔 투생Jeanne Toussaint의 러브 스토리에서 탄생했다.

　루이 조세프는 코코 샤넬에게서 투생을 소개받은 뒤 오랫동안 연인으로 지냈지만, 신분 차이로 온 가족이 반대하는 바람에 그녀와 결혼할 수 없었다. 결국 그는 투생에게 주얼리 디자인을 가르치고 까르띠에 수석 디자이너로 채용했다. 투생은 자신이 좋아하는 꽃, 새, 용, 키메라 같은 소재에 기발한 아이디어를 곁들여 까르띠에가 자랑하는 명품 컬렉션을 하나하나 늘려나갔다. 루이 조세프에게 투생은 예술적인 영감을 나누는 연인으로 남은 것이다. 투생은 장신구를 패션의 일부라고 생각했다. 그녀는 크리스티앙 디오르, 코코 샤넬, 크리스토발 발렌시아가 같은 대가들이 디자인한 의상을 자신이 디자인한 보석으로 화룡점정畫龍點睛 했다.

　자칫 비련의 주인공으로 남을 뻔했던 그들의 순수한 사랑을 상징하는 모티프가 바로 팬더panther다. 1926년 아프리카에서 가장 높은 킬리만자로(5,895m)에 오른 영국 등반대는 꼭대기 서쪽에서 말라 죽은 표범(팬더) 시체를 발견했다. 10년 뒤 미국의 어니스트 헤밍웨이는 소설《킬리만자로의 눈》에서 표범이 왜 그 높은 곳까지 올라갔는지는 아무도 모른다고 했다. 아프리카를 여행하다 팬더를 본 루이 조세프는 투생에게 팬더라는 별명을 붙여주었고, 투생

윈저 공이 부인에게 선물한 팬더 브로치(1949)

은 팬더를 보자마자 "오닉스, 다이아몬드, 에메랄드… 브로치!"라고 외쳤다. 남자는 순수하고 정열적인 사랑을 팬더로 승화하고 싶었고, 연인은 팬더를 보고 기발한 보석 디자인을 떠올렸다.

팬더 모피 코트를 입고 거실에 팬더 가죽을 깔아둘 만큼 팬더에 푹 빠진 투생은 팬더 컬렉션으로 세상을 깜짝 놀라게 만들었다. "사랑하는 여인의 도움 없이는 왕위를 이어 가기 어렵다는 것을 깨달았습니다"라며 사랑 앞에 왕위마저 버린 영국 에드워드 8세(윈저 공)가 1949년 부인에게 선물한 팬더 브로치는 '주얼리 원자폭탄Atomic Bomb of Jewerly'이라 불릴 만큼 획기적인 디자인을 선보였다. 윈저 공과 공작부인을 비롯하여 레니에 3세와 그레이스 켈리, 리처드 버튼과 엘리자베스 테일러로 이어지는 까르띠에의 러브 스토리는 '단 한 사람만을 위한 고결한 사랑'이라는 메시지를 강하게 풍긴다. 까르띠에는 두근거리는 고백을 앞두고 망설이는 연인들의 귀에 조용히 속삭인다. "진실한 사랑은 저마다 색깔과 이름이 있다."[56]

---

56   True love has a colour and a name. 까르띠에의 광고 문구.

17

겔랑
Guerlain

사랑하는 여인을 위해
향기를 바친다

연금술로 걸러낸 마법의 물

....

14세기 중반 헝가리의 엘리자베스 여왕은 왕실의 연금술사가 오랜 세월을 두고 개발했다는 신비한 '마법의 물'을 선물 받았다. 연금술사는 이 마법의 물을 탄산수에 섞어 마시거나 몸에 바르거나 또는 그 향기를 쐬면 젊음을 되찾고 병이 나으며 장수할 거라고 말했다. 약효를 시험해본 여왕은 이 마법의 물을 계속 만들어 왕실에 바치라고 명령했다. 전해 오는 제조법에 따르면 마법의 물은 향기가 강한 로즈메리 잎을 진한 브랜디에 넣고 농축한 뒤 증류한 휘발성 액체에 불과하다. 하지만 당시 향긋한 냄새를 풍기며 나타나는 여왕은 항상 젊고 건강해 보였다. 이 마법의 물이 바로 알코올을 사용한 최초의 향수 '헝가리 워터Hungary Water'다.

향수는 중세의 연금술이 '걸러낸' 가장 사치스러운 액체다.

헝가리 워터

짝퉁이 더 유명한 오 드 콜로뉴.
일명 '4711 향수'

향기가 강한 방향성芳香性 물질을 알코올 같은 용매溶媒, Solvent에 재
거나 녹인 뒤 그 용액溶液, Solution을 증류해 얻은 액체가 향수다.
헝가리 워터는 14세기 중반 유럽을 휩쓴 흑사병을 치료하거나 예
방하는 데도 상당히 기여한 것으로 보인다. 플라보노이드와 페놀
산 성분이 많아 상처를 소독하고 염증을 가라앉히는 효과가 있기
때문이다. 프랑스의 샤를 5세재위: 1364~1380는 1370년 헝가리 워터
를 선물 받아 그 향기에 탐닉하기도 했다. 요즘 유행하는 향기 치
료, 아로마테라피Aromatherapy의 효시로 꼽힌다.
　'쾰른의 물Kölnisch Wasser'도 있다. 이탈리아 출신의 조반니 파
리나Giovanni Farina는 1709년 독일 쾰른Köln에서 물로 희석한 알코올
에 레몬, 라임, 오렌지, 베르가모트Bergamot, 네롤리Neroli 같은 감귤
류의 오일을 섞은 화장수化粧水를 개발했다. 감귤류에서 추출한 정
유다. 1792년 쾰른의 상인 빌헬름 뮐헨스Wilhelm Muelhens가 짝퉁을
만들어 팔다가 나폴레옹 황제가 애용하는 바람에 짝퉁이 더 유명

해졌다. 나폴레옹 군대가 쾰른을 점령한 뒤 주소를 정리할 때 짝퉁을 생산하던 공장이 4711번지였기 때문에 '4711 향수'라고도 불린다. 쾰른의 물은 나폴레옹군이 프랑스어 '오 드 콜로뉴Eau de Cologne'라는 이름으로 소개하면서 세계적인 인기를 끌기 시작했다. Eau는 영어로 Water, Cologne는 쾰른의 프랑스식 명칭이다. 우리나라에서는 '오 드 코롱'이라고도 부른다. 오 드 콜로뉴는 빨리 증발하기 때문에 살갗에 닿아도 얼룩이 남지 않고 산뜻한 느낌이 오래간다.

헝가리 워터나 쾰른의 물이 주는 산뜻한 느낌은 알코올 덕분이다. 8세기에 활동한 아라비아 최고의 연금술사인 자비르 이븐 하이얀Jābir ibn Haiyān은 포도주에서 불순물을 걸러내 농축하고 증류하는 작업을 반복하다가 투명한 휘발성 액체가 생기는 걸 발견하고 알코올Alcohol이라고 불렀다. 십자군 전쟁으로 유럽에 알려진 증류법을 13세기 프랑스의 빌뇌브Villeneuve가 정리하면서 알코올을 아쿠아 비테Aqua Vitae, Water of Life라고 불렀다. 생명의 정수精髓를 간직한 액체로, 모든 병을 치유하고 젊음을 선사하는 생명수로 여겼던 것이다. 생물을 오랫동안 알코올에 담가두면 그 생명의 본질을 추출할 수 있을 것이라는 연금술의 믿음이다. 동식물에서 채취한 향료나 향유를 알코올에 녹이거나 숙성시켜 걸러낸 게 바로 향수다. 알코올이 조향사를 등장시킨 것이다.

오직 한 사람만을 위한 향수

....

피에르 프랑수아 파스칼 겔랑Pierre-François Pascal Guerlain은 런던에

서 화학을 공부하며 비누 만드는 연구를 하고 싶었지만 아버지의
반대에 부딪혀 1828년 프랑스 파리에 화장수, 연고, 크림, 포마드
Pomade, 비누, 치약, 식초 같은 화장용 물품을 파는 가게를 열었다.
그는 고객이 제품의 품질과 포장에 따라 움직이는 것을 보고 스
스로 제품을 만들기로 결심했다. "명성은 사라지지만 평판은 남는
다"[57]는 것이다. 피에르가 1830년에 만든 첫 제품은 연고였다. 가게
를 찾는 여성들이 입술이나 젖꼭지가 마르거나 터서 갈라지는 고
통을 호소하자 그는 밀랍, 아몬드, 와인 따위를 섞은 향긋한 연고
인 '봄 드 라 페르떼Baume de la Ferté, Balm of the Fort'를 개발해 여성들의
발길을 붙잡았다.

　　당시의 조향사들은 라일락, 장미, 재스민 같은 꽃의 향기를
잘 드러내고 오래 지속시키는 방법을 연구했다. 그들이Single Floral

피에르 프랑수아 파스칼 겔랑
(1798~1864)

봄 드 라 페르떼

오 드 콜로뉴 엥페르잘

Type, 즉 각각의 꽃향기에 집중했다면 피에르는 여러 가지 꽃의 향
기를 조합한 Floral Bouquet Type에 집중했다. 장미꽃 여러 송이를
하나로 묶기보다 장미에 라일락과 재스민 같은 꽃 몇 송이를 섞어
꽃다발을 만든 셈이다. 피에르는 고객에 따라 어울리는 향수를 제
안했다. 때와 장소, 상황, 분위기, 느낌 같은 요소를 고려해 제각
기 다른 향수를 만들어 준 것이다. 소설가 오노레 드 발자크Honore
de Balzac는 겔랑에 자신만의 향수를 주문하여 책상 위에 두고 쓰
다가, 1837년 향수 제조업자가 주인공인 소설 《세자르 비로토Cesar
Birotteau》를 발표하기도 했다.
    겔랑의 맞춤형 향수는 선풍적인 인기를 끌었다. 특히 1853년
나폴레옹 3세와 황후 유제니의 결혼식에 맞춰 황후를 위해 만든
향수 '오 드 콜로뉴 엥페르잘Eau de Cologne Impériale'은 겔랑의 시대를
알리는 진한 향기를 풍겼다. 이 향수는 감귤류를 베이스로 하는

오 드 콜로뉴에 로즈마리, 백향목Cedar, 통카 빈Tonka Bean 향을 섞었다. 향수를 담은 병Bee Bottle도 황후 못지않게 화려했다. 우아한 육각형 벌집무늬에 나폴레옹 1세를 상징하는 꿀벌 69마리를 황금색으로 도금했다. 유제니 황후가 황실 공급 업체로 지정하면서 겔랑은 영국의 빅토리아 여왕과 스페인 왕후 이사벨라 2세를 위한 향수를 만들어 헌납하기도 했다.

기술 혁신이 퍼뜨린 새로운 향기

프랑스가 천연향료로 향수의 시대를 앞서가는 동안 독일에서는 합성향료가 등장했다. 자연에서 우려낸 향료가 아니라 실험실에서 합성한 향료다. 1834년 독일의 아이하르트 미첼리히Eilhard Mitscherlich가 니트로벤젠$C_6H_5NO_2$을 분리한 뒤, 화학물질로 만든 다양한 합성향료가 코끝을 간지럽히기 시작했다. 자연에 존재하지 않는 새로운 향기를 창조할 수 있게 된 것이다. 피에르의 장남 에메Aimé는 1889년 바닐린$C_8H_8O_3$이나 쿠마린$C_9H_6O_2$ 같은 화학물질을 합성해 만든 향수 '지키Jicky'를 선보였다. 합성향료를 사용한 최초의 향수다. 발랄한 느낌을 주는 '지키'는 에메가 영국에서 사귀던 여인의 이름으로 알려졌지만, 사실은 조카 자크Jacques를 부르던 애칭이다.

합성향료는 천연향료와는 전혀 다른 느낌을 표현할 수 있게 만들었다. 피에르와 에메에 이어 3대 조향사로 등장한 자크Jacques는 전혀 다른 향기를 탐색했다. 1900년대 초에 푸치니의 오페라 〈나비 부인〉이 흥행에 큰 성공을 거두자 자크는 1919년 나비 부인

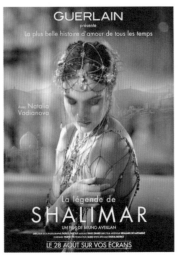

신비롭고 강한 일본 여인의 이미지가 느
껴지는 향수 미츠코의 광고(1997)

타지마할 궁전의 사랑 이야기가 담긴
향수 샬리마의 광고(2013)

에 등장하는 신비스러우면서 강인한 일본 여인의 이미지를 향수
'미츠코Mitsouko'에 담아냈다. 촉촉하게 젖은 이끼와 나뭇잎으로 덮
인 숲처럼 신비하고 이국적인 느낌을 주는 향수다. 1925년 발표한
'샬리마Shalimar'는 동물성 향료를 소재로 하여 달콤한 바닐라 향이
강해 동양의 신비롭고 관능적인 느낌을 주며 향수鄕愁를 자극한다.
샬리마는 산스크리트어로 '사랑의 정원'이라는 뜻으로, 샤 자한 황
제가 죽은 황후를 위해 지은 타지마할 궁전의 정원을 말한다. 생텍
쥐페리의 소설 《야간비행Vol de Nuit》에 경의를 표하기 위해 1933년
출시한 볼 드 뉘Vol de Nuit는 고독과 모험을 좋아하는 여성을 위한
향수다.

생택쥐페리의 소설 《야간비행》에 경의를 표하는 향수 볼 드 뉘의 광고(2011)

향수 한 방울이면 충분하다

모차르트가 음악의 신동이라면 장 폴 겔랑Jean Paul Guerlain은 향수의 신동이다. 장 폴은 열다섯 살 때 코냑으로 유명한 헤네시 Hennessy 가문의 시음회에 초대받았다가 전문가도 찾아내지 못한 1911년산 최고급 코냑을 정확하게 골라냈다. 한 번도 코냑을 입에 대본 적 없는 소년이 순전히 냄새만으로 최고급 코냑을 찾아낸 것이다. 그는 3천 가지가 넘는 종류의 향을 구별할 수 있는 놀라운 후각을 갖고 있었던 것이다. 장 폴은 여인의 체취에 탐닉해 향기로 사람을 지배하는 악마 같은 조향사를 그린 영화 〈향수〉(2006)의 주인공 장 바티스트 그르누이를 많이 닮았다. 더러운 시장 바닥에서 태어나 천대받던 그르누이처럼, 장 폴은 지독한 사팔뜨기여서 친

장 폴 겔랑

구들에게 놀림 받고 따돌림을 당했다. 유난히 추웠던 1955년 겨울, 향수 '볼 드 뉘'를 만드는 데 필요한 노랑 수선화 농축액이 얼어 터지고 간신히 얻어 온 농축액마저 어이없이 잃어버리자 장 폴은 합성향료에 수선화, 재스민, 튜베로즈 향을 섞어 놀랍도록 비슷한 대체품을 만들어냈다. 장 폴이 내민 조제법Fomula을 본 할아버지 자크는 열여덟 살 손자를 후계자로 지명했다.

장 폴은 정원사의 옷에서 풍기는 흙냄새와 담배 냄새에 착안하여 1959년 '베티버Vetiver'를 내놓았다. 베티버라는 풀의 뿌리에서 나는 향긋한 흙냄새를 주제로 한 남자 향수다. 남성용이라 그랬던 걸까? 장 폴은 서로 연인 관계였던 남녀 친구에게 각각 시향試香을 부탁했다가, 남자 친구에게 삼각관계를 의심받기도 했다. 승마를 즐겼던 장 폴은 1963년 말의 살 냄새와 안장의 가죽 냄새를 향수로 해석한 '아비 루즈Habit Rouge, Red Outfit'를 발표했다. "향수는 기억의 가장 강력한 형태[58]"라는 메시지를 담고 있다.

"사랑하는 여인을 위해 향수를 만들어라. 안타깝게도 이제 나는 늙은 여인을 위한 향수밖에 만들지 못하는구나." 할아버지의 일생 과업이 손자에게 그대로 전해졌다. 장 폴은 아내가 될 마리 모니크Marie Monique에게 1962년 인동 꽃과 치자 꽃을 주재로 한 '샹 다롬Chant d'arôme, Song of Aroma'을 선물했다. 그는 "잊힌 기억을 되살리는 데 때로는 향수 한 방울이면 충분하다"며 어린 시절 어머니의 화장대에서 풍기던 향내를 추억하며 1973년 '파뤼르Parure'를 만들기도 했다. 영화 〈쉘부르의 우산〉(1964)으로 유명해진 여배우 카

---

58   Perfume is the most intensive form of memory

사랑하는 아내를 위해 만든 향수 샹 다
롬 광고(1962)

열정적인 장미향을 담은 향수 나에마
광고(1981)

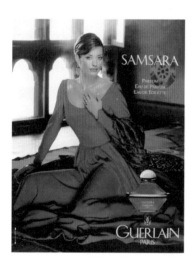

향수 삼사라 광고(1995)

트린느 드뇌브는 당시 뭇 남성들의 가슴을 설레게 한 뮤즈였다. 장 폴은 그녀를 위해 4년 동안 500번이 넘는 작업을 거쳐 1979년 '나에마Nahéma, Girl of fire'를 창조했다. 장미를 전혀 섞지 않고도 우아하면서 열정적인 장미향을 만들어낸 것이다. 그는 사랑하는 여인 데시아 드 포를 위해 1989년 '삼사라Samsara, Wheel of life'를 조향했다. 맘에 쏙 드는 향수를 찾지 못하던 그녀에게 딱 어울리는 향수를 입혀준 것이다. 이때 장 폴은 "향수는 보이지 않는 옷"으로, "여성은 겔랑으로 다시 태어난다"라고 선언했다.

향수는 보이지 않는 옷이다

....

향수는 본래 악취를 감추기 위한 용도로 만들어진 것이다. 영어 Perfume은 태운 것Fumum을 통해per 몸을 깨끗하게 한다는 뜻의 라틴어 Perfumum에서 유래했다. 주검이 썩으면서 풍기는 고약한 악취(귀신)를 물리치기 위해 향기 나는 잎이나 가지를 태워 향기를 퍼뜨리던 훈향燻香에서 출발한 것이다. 향수의 나라 프랑스에서 향수 제조가 가장 발달했던 곳도 악취가 심한 지역이었다. 국제 영화제로 유명한 지중해 연안의 칸느Cannes 북쪽에 있는 그라스Grasse 지방은 세계 향수 원액의 70%를 생산한다. 가죽을 무두질하는 피혁공장에서 나오는 악취를 덮기 위해 향수를 만들기 시작했다. 영화 〈향수〉의 배경도 이곳이다. 머리를 감지 않고 목욕도 하지 않는 데다 화장실이 없어 배설물을 아무 데나 버리던 시대에 살던 파리 귀족에게 향수는 없어서는 안 될 필수품이었다.

본질을 감추기 위한 향료와 본질을 찾기 위한 연금술이 마주친 곳에서 향수가 태어났다. 그래서 향수는 만드는 것이 아니라 고르는 것이다. 造香(지을 조, 향기 향)이 아니라 調香(고를 조, 향기 향)이다. 자크 겔랑은 "향수는 그 향이 본연의 꿈과 일치하는 것"이라고 했다. 장 폴 겔랑은 본연의 꿈을 찾기 위해 "머리나 가슴 혹은 깊은 곳에 감춰진 음音으로 향을 만들어낸다"고 했다. 조향사는 '향기의 작곡가'라는 얘기다. 작곡가가 대위법과 화성법으로 새로운 선율의 악보를 지어내듯, 조향사는 조제법으로 새로운 향수의 '악보'를 찾아낸다. 작곡가가 음을 재료로 가락, 박자, 화음을 결정해 '음의 향'을 배열한다면, 조향사는 향을 재료로 성분, 농도, 함량을 조합해 '향의 악보'를 지어내는 것이다. 나의 본질을 드러내는 '악보'는 무엇일까? 본연의 향을 감출 것인가, 더 풍길 것인가? 고약하다면 감춰야 하고 향기롭다면 풍겨야 한다. 이젠 내게 어울리는 향수하나 고르는 것마저 어려워진다.

18

시세이도
SHISEIDO

한순간도,
한평생도 아름답게

살갗을 희게 만드는 기술

....

사와무라 타노스케澤村田之助는 19세기 중반 일본에서 여자보다 더
여성스러운 연기로 인기를 끈 남자 가부키歌舞伎 배우다. 당시 에도
막부江戸 幕府가 풍기문란을 이유로 여자가 가부키에 출연하는 걸
금지했기 때문에 남자가 여자 배역을 맡아야 했다. 그는 특히 못된
아줌마 역을 워낙 잘 소화해 인기가 많아 그가 무대에 걸치고 나
온 가발, 옷깃, 나막신 같은 의상이나 소품을 모방해 만든 상품이
불티나게 팔리기도 했다. 타노스케는 1862년 공연 도중 무대에서
떨어져 왼쪽 다리에 큰 부상을 입고 무릎 위까지 잘라내 일본에서
는 처음으로 의족을 달았다. 후유증으로 다른 부위까지 썩어 들어
가 오른쪽 다리, 오른쪽 손목, 왼손 손가락까지 모두 잘라냈는데도
앉아서 연기할 수 있게 줄거리까지 바꿔가며 가부키에 대한 의욕

사와무라 타노스케(1845~1878)

을 불태웠다. 그러나 결국 그는 33세에 조직 괴사가 아니라 납중독
으로 요절했다.

군이 설부화용雪膚花容[59]이나 빙자옥질氷姿玉質[60]을 들먹일 필
요가 없다. 예로부터 동서양을 막론하고 하얀 살결은 미인을 꼽는
첫 번째 기준이 되었다. 단군신화에 등장하는 곰도 햇빛 한 점 들
어오지 않는 동굴 속에서 21일 동안 자외선을 쬐지 않고 피부를
관리한 덕에 살결 고운 웅녀熊女로 다시 태어났다. 마늘을 찧어 얼
굴에 바르고, 쑥을 달인 물로 얼굴을 씻으며 관리했을까? 백설공
주는 피부가 너무 깨끗해 계모의 질투를 받았으며, 모나리자는 얼
굴에 잡티 하나 없어 보이도록 눈썹까지 뽑았다. 중국에서는 얼굴

---

59   눈처럼 흰 살결과 꽃처럼 고운 얼굴.
60   얼음처럼 맑은 살결과 옥처럼 고운 바탕.

엘리자베스 1세 초상화 | 여장을 한 가부키 배우

을 분으로 하얗게 덮고 눈썹을 먹으로 까맣게 칠한 분백대흑粉白黛
黑의 미인에 집착했고, 프랑스에서는 목을 타고 내려가는 포도주
빛깔이 밖으로 비칠 정도의 맑은 피부를 탐닉했다.

　화장化粧이라는 단어 속 '단장할 장粧' 자엔 '쌀 미米' 자가 들
어 있다. 과거에 화장이란 얼굴이 희어 보이도록 쌀가루를 바르는
것이었다. 쌀가루에 기장이나 조 같은 곡식이나 분꽃 씨, 활석, 백
토 같은 것을 곱게 빻아 섞어 바르기도 했다. 이 하얀 가루에 식초
와 납 가루를 섞어 비릿한 냄새를 없애고 피부에 잘 달라붙게 만
든 것이 바로 백분白粉이다. 납 가루가 들어 있어 연분鉛粉이라고도
한다. 프랑스 황후 카트린 드 메디시스는 친정인 이탈리아에서 가
져온 베니스 분으로 화장을 했고, 영국 여왕 엘리자베스 1세는 29
세에 천연두를 앓아 왼쪽 뺨에 남은 곰보 자국을 숨기기 위해 분
을 두껍게 발랐다. 가부키 배우들은 어두운 무대에서도 관객이 표

정을 잘 볼 수 있도록 하얀 분을 바른다. 비누가 없던 시절이라 얼굴을 물로만 대충 씻거나 다음 무대를 핑계 삼아 그대로 놔두기도 했다.

공중위생의 바람을 타고

후쿠하라 아리노부福原有信는 1848년 일본 도쿄 부근의 지바현千葉에서 4형제의 막내로 태어났다. 한의사였던 할아버지 덕에 어릴 때부터 전통 의술에 관심을 가졌다. 그는 17세에 의사가 되기 위해 바쿠후幕府 의학소(도쿄대학 의대)에 들어갔다가 네덜란드의 와틀이 쓴 약학서인 약성론藥性論을 읽고 충격을 받아 약학으로 방향을 돌렸다. 이후 1868년 메이지 유신明治 維新이 일어나자 도쿄대학병원

후쿠하라 아리노부(1848~1924)

약제사, 해군병원 수석 약제사로 일했다. 그러다 의학소 스승이자 나중에 일본 육군 군의총감이 된 마츠모토 료준松本良順이 해군병원에 사표를 내자 같이 나와 1872년 긴자銀座에 약국을 차렸다. 일본 최초의 서양식 조제 약국으로, 일본에서 가장 오래된 화장품 브랜드인 시세이도資生堂, Shiseido가 출범한 것이다. '시세이'의 한자어 '자생資生'은 주역周易에 나오는 구절인 "대지의 덕으로 만물이 생성되어 순순히 하늘을 받든다"[61]라는 말에서 따왔다. 일본의 전통 요법에 서양의 약학 이론을 접목한 시세이도의 철학이 잘 드러나는 브랜드 이름이다.

당시 일본은 유럽 국가 중에 주로 네덜란드와 무역하고 있었다. 당시 범신론적인 성향의 역대 막부가 유일신을 주장하는 기독교를 탄압하던 가운데 네덜란드는 그저 통상에 관심을 둘 뿐 종교를 고집하지 않았기 때문이다. 이때 등장한 것이 네덜란드和蘭의 학문, 곧 난학蘭學이다. 당시 일본의 지식인들은 난학을 통해 서양 문물을 받아들였다. 아리노부도 할아버지에게 배웠던 고리타분한 전통의술에 불만을 품고 서양식 조제 약국을 차린 것이다. 그는 2년 뒤 약국 2층에 의원을 따로 열어 '약은 약사에게, 진료는 의사에게'를 주장하는 의약 분업을 철저히 지켰다. 시세이도는 유럽에서 각종 약재를 들여와 약을 제조하는 한편 화장품, 치약, 비누 같은 서양의 신기한 생활용품도 수입해 팔았다.

19세기 일본에서는 콜레라가 가장 무서운 전염병이었다. 1822년부터 1877년까지 네 차례에 걸쳐 콜레라가 창궐해 수십만 명이

61   至哉坤元 萬物資生 乃順承天

긴자에 차린 조제 약국　　　　　　후쿠하라 위생 치약(1888)

죽었다. 그러고도 1877년부터 1900년대에 이르기까지 매년 콜레라가 돌림병으로 번졌다. 이때 큰돈을 번 아리노부는 부인 도쿠德와 함께 약을 단순 조제하는 데서 벗어나 연구 개발에 투자하기 시작했다. 1884년 어린이가 먹기 좋도록 달콤한 맛을 넣은 설사약 '펩시네 엿'을 개발해 선풍적인 인기를 끌었고, 4년 뒤엔 치석을 제거하고 입 냄새를 없애주는 연고형 '후쿠하라 위생 치약'으로 양치질 문화를 선도했다. 1893년 당시 불치병으로 알려진 각기병에 잘 드는 '각기환脚氣丸'을 발매해 대중의 신뢰를 얻었다. 심지어 1902년에는 일본에서 처음으로 탄산음료와 아이스크림을 선보여 환호를 받았다.

화장수에서 일곱 빛깔 파우더까지

시세이도가 화장품 브랜드로 이름을 내건 것은 1897년부터다. 시세이도는 일본 최초의 화학 박사인 나가이 나가요시長井長義가 연구

오이데루민

한 내용을 바탕으로 장미향이 나는 화장수 오이데루민オイデルミン을 개발했다. 그리스어 Eau(good)와 Derma(skin)에서 빌린 이국적인 이름을 가진 오이데루민은 서양 문화의 향기를 처음 맡는 일본 여성들에게 그야말로 마법의 물이었다. 선명한 붉은색의 화장수를 담은 빅토리아 양식의 투명한 고급 유리병엔 "기미와 주근깨를 없애준다"는 마법 같은 문장이 적혀 있었기 때문이다. 당시 백분으로 인한 납중독의 위험성이 알려지기 시작하면서 오이데루민은 납중독을 치료하는 화장수로 소문나기도 했다.

같은 해에 선보인 머릿기름Hair Oil '야나기이토코柳糸香'는 오이데루민과 함께 120년 남짓 지난 지금까지도 판매되는 장수 상품이다. 참기름에 밀랍을 섞어 끓인 밀기름Pomade에 버드나무 향을 첨가한 것이다. 1898년 시세이도는 신세대 여성을 겨냥하여 예부터 여인들이 머릿결을 매만질 때 쓰던 동백기름을 서양식으로 조제하고 효능을 강화한 머릿기름 '하나카츠라花髮'를 개발했다. 이 제품은 1907년 '하나츠바키花椿, 꽃동백'에 이어 지금은 '츠바키椿'라는 상표로 판매되고 있다.

레인보우 파우더

큐컴버 화장수

병약했던 장남과 요절한 차남 대신 삼남이 경영권을 물려받았다. 미술과 사진에 재능이 많아 화가가 되고 싶었던 후쿠하라 신조福原信三는 부모의 뜻에 따라 미국 콜롬비아 대학에서 약학을 공부하고 돌아와 1915년 미국과 유럽에서 경험한 서양의 화장술을 받아들여 사업 방향을 화장품으로 잡았다. 비듬을 없애고 머리카락과 두피에 영양을 주는 양모제養毛劑, Hair Tonic '플로린Flowline'이 그의 첫 제품이다. 플로린은 네 건의 특허를 등록하면서 효능을 인정받았으며, 당시 일본 여성에게 인기 있던 앞머리와 옆머리를 뒤로 빗어 올리는 머리 스타일 유행을 선도하기도 했다.

희게 보이려고 굳이 흰색만 고집할 필요는 없다. 1917년 시세이도는 얼굴색에 맞춰 하얀색, 노란색, 주홍색, 분홍색, 살구색, 연두색, 자주색까지 모두 일곱 가지의 은은한 색조를 선택해 배합할 수 있는 '레인보우 파우더七色粉白粉, Rainbow Powder'를 발표했다. 쌀가루를 재료로 다양한 색조를 표현하면서도 납중독의 위험이 적은 혁신적인 화장품이었다. 색조 화장Color Cosmetics의 문을 연 것이다. 당시 유행하던 둥글거나 각진 용기와 달리 팔각형 모양에 동백꽃 모양 로고로 장식된 용기도 상당한 인기를 끌었다. 시세이도는 같은 해 과산화수소H_2O_2에 오이, 수세미, 모과 같은 미백 효과가 높은 식물의 추출물을 섞어 만든 화장수 '큐컴버Cucumber'를 선보이기도 했다.

일본을 알리는 문화 마케팅

············

당시 일본에서 향수는 생소한 상품이었다. 향수라고는 서양에서 수입하거나 어설프게 흉내 낸 제품밖에 없던 1917년, 시세이도는 일본의 고유한 정취를 풍기는 향수 '하나츠바키'를 내놓았다. 사실 꽃동백[62]은 향기가 거의 없다. 하나츠바키도 실제 동백꽃 향기하고는 거리가 멀다. 하지만 비슷한 시기에 프랑스의 명품 브랜드 샤넬이 동백Camellia을 디자인 소재로 채택할 만큼 유럽에서도 동백이 굉장한 인기를 끌고 있었고, 하나츠바키는 미지의 세계 동양을 동경하는 향수로 자연스레 인기를 끌었다. 다음 해부터 시세이도는 '우메매화', '후지등나무', '기쿠국화'처럼 화투花鬪에 등장하는 꽃의 향기를 향수로 구현하기도 하고, 츠키미소우달맞이꽃의 향기를 노을 지는 모래언덕을 배경으로 핀 노란 꽃으로 표현하는 문화 마케팅을 시도하기도 했다.

---

62   애기동백, 산다화라고도 하는 일본의 동백꽃이다.

하나츠바키 향수 | 콜드 크림

얼굴에 바르면 수분이 증발하면서 차가운 느낌을 주는 콜드
크림Cold Cream도 시세이도의 자랑이다. 콜드크림은 200년께 고대
로마의 의사 갈레노스가 물에 돼지기름을 섞어 만든 연고를 처방
한 데서 유래한 화장용 유성油性 크림으로, 피부를 깨끗하게 하고
영양을 주며 피부를 보호하는 '만능 크림'으로 불린다. 시세이도
는 화장수에 기름 성분을 아주 작은 방울로 분산시키는 유화乳化,
Emulsion 기술로 영양 성분과 피부 보호 효과를 강화한 콜드크림을
1918년 일본에서 처음 선보였다. 시세이도에게 콜드크림은 40년 넘
도록 가장 많이 팔린 효자 상품이다.

한평생 아름다운 여성을 위하여

....

1878년 사와무라 타노스케가 납중독으로 요절하자 납이 섞인 백분에 대한 우려와 경고의 목소리가 점점 높아졌다. 일본 정부는 1900년 백분에 납을 사용하는 것을 금지하는 법령을 공포했지만 시중에 유통되는 백분이 너무 많아 예외 조항을 두는 바람에 별다른 효과를 거두지 못했다. 20세기 초반에 유명했던 가부키 배우인 나카무라 우타에몬中村歌右衛門이 납중독으로 인한 고통을 호소하면서 결국 1934년이 되어서야 납이 든 백분의 제조와 판매가 전면 금지됐다. 유럽과 미국에서 납이 들어 있는 제품의 생산을 금지한 게 1910년 무렵이고, 한국에서 박가분朴家粉이 사라진 게 1937년이니 백분은 일본에서 상당히 오랫동안 사랑을 받아온 셈이다. 시세이도는 1906년 납이 없는 살구색 가루분 '하나 오시로이花白粉'를 내놓았다가 '야요이 오시로이春白粉'로 이름을 바꾸었다. 흰색이 아닌 살구색 가루분의 시대를 연 것이다.

게이샤藝者는 술자리에서 춤이나 노래로 흥을 돋우고 접대하는 일본의 직업여성이다. 17세기 말에 처음 등장했을 때는 춤과 노래에 재주가 많은 여성에 불과했지만, 19세기 말 메이지 유신이 일어나면서 게이샤는 서양 문물을 가장 먼저 받아들인 진취적인 신여성으로 인식됐다. 메이지 시대에 활약한 일본 최초의 여배우 가와카미 사다얏코川上貞奴도 게이샤 출신이고, 자코모 푸치니가 1904년 발표한 오페라 〈나비 부인〉의 주인공 초초상蝶夕夫人도 게이샤다. 서양의 화장법을 제일 먼저 받아들인 신여성이 납이 해로운 줄 알면서도 백분을 바른 것이다. 가부키와 게이샤, 일본 문화를 대변하는 두 키워드가 하얀 백분으로 칠해져 있는 셈이다.

가부키와 게이샤로 보는 일본 여성의 얼굴은 유별나게도 흰색으로 덮여 있다. "살결이 희면 일곱 가지 결점을 감춘다"[63]라는

시세이도의 광고 문구

속담 때문일까? 백분을 바르면 한순간 아름다울 순 있지만, 납중
독으로 인한 고통은 한평생 끝이 없다. 백분은 왜 그리도 오랫동
안 일본 여성의 얼굴에 아름다운 그늘을 남겼을까? 2006년 마침
내 시세이도는 "일본 여성은 아름답다"[64]라고 당당하게 선언했다.
한순간은 물론 한평생 아름다울 수 있는 비법을 찾은 건지도 모른
다. 백자白瓷처럼 흰 살결을 갈망하는 일본 여성들을 위해 시세이
도는 화장의 주문을 속삭인다. "한순간도, 한평생도 아름답게."[65]

---

63   色の白いは七難隠す.
64   日本の女性は美しい. 2006년 3월 츠바키 샴푸 광고 캠페인에 등장한 문구.
65   一瞬も一生も美しく.

19

애플
Apple Inc.

다른 것을 생각하라

무르익는 컴퓨터 빅뱅의 분위기

....

집에서 술을 빚는 행위, 즉 홈브루Homebrew를 한때 많은 나라에서 불법으로 규정하고 금지했다. 범죄를 줄이고, 세금을 걷기 위해서다. 최근 사례로는 제1차 세계대전이 끝난 뒤 미국에서 시행한 금주법을 들 수 있다. 이른바 '금주법 시대Prohibition Era'(1919~1933)를 거치면서 홈브루에 대한 갈증을 키운 탓일까? 미국 사람들은 맥주를 빚는 것은 물론 집에서 양초나 양탄자 따위만 만들어도 홈브루라고 자랑한다. 나중엔 컴퓨터마저 홈브루의 대상이 됐다. 1975년 캘리포니아 실리콘밸리에서 '집에서 컴퓨터를 빚는 동아리'라는 뜻의 HCCHomebrew Computer Club가 결성됐다. 작고 값싼 개인용 컴퓨터를 만들고 싶었던 괴짜Geek와 얼간이Nerd들의 모임이다.

1946년 길쭉하니 창고만 한 최초의 컴퓨터 에니악Electronic

홈브루 컴퓨터 클럽

Numerical Integrator And Computer이 발명되고 1959년 장롱만 한 미니컴
퓨터 PDP-1Programmed Data Processor-1이 등장하면서 더 작은 컴퓨
터를 만들려는 경쟁이 치열해졌다. 특히 HCC는 전자공학에 '미
친' 학생들과 컴퓨터 부품, 회로, 장치를 만드는 학생들이 모여들었
으며, 특히 미국 스탠퍼드대학을 중심으로 두드러졌다. 나중엔 세
계 최초의 휴대용 컴퓨터 오스본Orsborne을 설계한 리 펠젠스타인
Lee Felsenstein이 모임의 회장을 맡고, 오스본을 제작한 애덤 오스본
Adam Orsborne, 컴퓨터 통신을 개척한 데이비드 휴즈David Hughes, 호
루라기로 거는 무료 통화를 널리 퍼뜨린 존 드레이퍼John Draper 같
은 전설적인 컴퓨터 영웅들이 모임에 참석하기도 했다.

　"상업용 제품에 비견할 만한 세계 최초의 미니컴퓨터 키트."

폴 앨런과 빌 게이츠(1978)

〈포퓰러 일렉트로닉스〉에 실린
Altair 8800(1975)

1975년 〈포퓰러 일렉트로닉스Popular Electronics〉 1월호 표지에 실린
'Altair 8800'에 관한 기사 제목이다. 미국의 에드 로버츠Ed Roberts
가 설립한 컴퓨터 기업인 MITSMicro Instrumentation and Telemetry Systems
가 미니컴퓨터보다 작은 마이크로컴퓨터를 개발한 것이다. Altair
8800은 HCC에게 새로운 이정표를 제시했다. 회원들은 Altair 8800
을 뜯어 부품과 회로를 분석하면서 새로운 컴퓨터 개발에 골몰했
다. 회원이 아니었던 빌 게이츠Bill Gates가 가장 먼저 움직였다. 빌
은 재빠르게 에드 로버츠를 찾아가 Altair 8800에 적합한 소프트
웨어를 만들어주겠다고 제안했다. 빌은 바로 하버드대학을 그만두
고 폴 앨런Paul Allen과 함께 마이크로소프트Microsoft를 창업한 뒤 교
육용 프로그래밍 언어인 BASICBeginner's All-purpose Symbolic Instruction
Code을 개량한 'MS-BASIC'으로 사업을 시작했다.

사과와 컴퓨터의 만남

....

1955년 미국 샌프란시스코에 사는 압둘파타 잔달리Abdulfattah Jandali
와 조앤 쉬블Joanne Schieble 사이에서 아들이 태어났다. 조앤의 부모
가 이들의 결혼을 반대했기 때문에 아이는 폴 잡스Paul Jobs 부부에
게 입양됐고 스티븐 잡스Steven Jobs라는 이름을 얻었다. 아버지는
작업대를 만들어 기계 다루는 법을 가르쳐줬지만, 어린 잡스는 기
계 부품보다 전자 부품을 다루는 데 재능을 보였다. 잡스는 이웃
에 사는 기술자들과 어울리며 전자 부품을 납땜으로 연결해 라디
오 따위를 만드는 전자공학 키트Heath Kit를 만지고 놀면서 무엇이
든 조립할 수 있겠단 자신감을 갖게 됐다. 그는 열두 살 때 주파수
계수기를 만들기 위해 계측기 제작 업체인 휴렛팩커드HP의 공동대
표 윌리엄 휴렛William Hewlett에게 전화를 걸어 부품을 얻고, 이를 계
기로 휴렛팩커드에서 제품을 조립하는 일을 하기도 했다. 또한 고
등학생 시절에는 전자제품 가게에서 재고 정리하는 일을 하며 온
갖 전자제품과 부품을 섭렵했고, 벼룩시장에서 싸게 산 중고품을
고쳐 팔거나 분해해서 회로나 부품을 비싸게 파는 수완을 자랑하
기도 했다.

　　당시 미국 캘리포니아 주변의 청년들이 그랬듯이 잡스도 비
틀즈The Beatles와 밥 딜런Bob Dylan의 음악에 심취하고 히피Hippie 문
화와 채식주의에 젖어 들었으며 마약에 탐닉하기도 했다. 그는 쓸
데없는 공부를 하느라 내야 하는 등록금이 아까워 대학을 한 학
기 만에 자퇴한 뒤, 동양의 신비주의를 좇아 인도를 유랑하고 불교
에 빠지기도 했다. 잡스가 전자공학에 인생을 걸게 된 것은 스티브

스티브 잡스(1955~2011)

워즈니악Steve Wozniak 덕분이다. 잡스는 게임 회사 아타리Atari에 다
니면서 감당하기 어려웠던 벽돌깨기 게임 'Pong' 개발을 워즈니악
에게 맡기기도 했다. 전자제품 조립에 탁월한 재능을 보인 워즈니
악은 존 드레이퍼의 호루라기에서 아이디어를 얻어 잡스와 함께 전
화교환기에 몰래 접속해 통화할 수 있는 블루 박스Blue Box를 발명
했다. 그들은 블루박스로 교황청에 장난 전화를 걸기도 했고, 100
개 정도를 더 만들어 팔면서 사업의 꿈을 함께 키웠다.

　　HCC에서 활동하던 잡스와 워즈니악도 Altair 8800에 대
한 기사를 읽고 흥분했다. 워즈니악은 한 달 집세보다 비싼 '인텔
8080' 대신 '모스 6502'를 중앙처리장치CPU로 하는 컴퓨터를 석
달 만에 만들었지만, HCC에서 별다른 반응을 얻지 못했다. 이에

워즈니악은 부품을 보드에 일일이 조립하는 키트Kit에 불과했던 Altair 8800과 달리, 모니터와 키보드를 미니컴퓨터에 연결하는 단말기를 개발했다. 키보드로 누른 글자가 화면에 깜박이는 걸 확인한 잡스는 워즈니악에게 집요하게 창업을 제안했다. 잡스는 컴퓨터 매장 '바이트 샵The Byte Shop'을 운영하는 폴 테럴Paul Terrell에게 시제품을 보여주고 한 대에 500달러씩 50대를 주문받았다. 잡스와 워즈니악은 각각 자동차와 전자계산기를 팔아 자본금 1천300달러를 만들고, 사업 경험이 있는 로널드 웨인Ronald Wayne을 끌어들여 각각 45%, 45%, 10%씩 지분을 나눴다. 당시 채식주의자로 과일 위주의 식단에 탐닉했던 잡스는 사과 농장에 다녀오고 나서 회사 이름을 '애플컴퓨터'로 정했다. 1976년 잡스의 차고에서 '사과'와 '컴퓨터'의 절묘한 만남이 시작된 것이다.

잡스는 자신의 차고에서 애플컴퓨터를 창업했다.

애플을 떠나서 돌아오기까지

....

사실 세계 최초의 개인용 컴퓨터pc인 Apple I은 모니터, 키보드, 심지어 케이스도 없이 '모스 6502'를 중심으로 D램(8K)과 비디오 소자를 비롯한 몇몇 부품들을 네 줄로 늘어놓은 8비트짜리 벌거숭이 메인 보드Main Board였다. 애플컴퓨터는 'Bite into an apple'과 발음이 같은 'Byte into an Apple'을 광고로 내걸었다. 가격은 666.66달러. Apple I으로 가능성을 확인한 애플은 1977년 매끈한 본체에 CPU 성능을 높여 컬러 그래픽을 구현하고 플로피 디스크 드라이브FDD를 갖춘 Apple Ⅱ로 돌풍을 일으켰다. 본격적인 PC 시대를 선언하며 애플이 기업을 공개하면서 1993년까지 모두 500만 대가 팔린 Apple Ⅱ는 잡스와 워즈니악을 백만장자로 만드는 기반을 제공했다. IBM과 마이크로소프트가 손잡고 PC 시장에 진출한 데 맞서 애플은 1980년 Apple Ⅲ를 출시했다. 그러나 비싼 가격과 잦은 고장 탓에 판매가 부진했고 첫 시련을 겪어야 했다.

  1979년 투자 유치를 빌미로 제록스Xerox의 팔로알토 연구센터 PARC를 방문한 잡스는 GUIGraphical User Interface와 마우스를 보고 흥분을 금치 못했다. 명령어를 문자로 입력하는 게 아니라 마우스로 클릭해 명령하는 직관적인 운용체계에 감탄했기 때문이다. 누구보다 먼저 혁신적인 컴퓨터를 만들고 싶었던 잡스는 GUI 운용체계를 가진 컴퓨터 'LISALocal Integrated System Architecture' 개발에 바로 착수했다. Lisa는 잡스가 고등학교 동창인 브레넌과 사귀면서 1978년 낳은 딸의 이름이다. 1983년 출시된 LISA는 GUI를 가진 획기적인 PC였지만, 속도가 느린 데다 가격이 비싸 실패로 돌아갔다. 독단적인 언행이 문제가 되어 LISA 프로젝트에서 주도권을 빼앗긴 잡스는 '매킨토시Macintosh, Mac' 프로젝트에 가담했다. 1년 뒤 출시된 'Mac'은 전자출판이나 교육 같은 전문적인 용도로는 인정받았지만, IBM과 호환 PC메이커에게 뺏긴 시장을 되찾긴 못했다. 1985년 잡스는 Mac의 수요를 지나치게 자신하여 회사에 막대한 손해를 입힌 책임을 지고 1985년 물러났다. 자기가 만든 회사에서 쫓겨난 것이다.

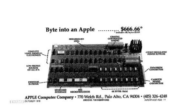

Apple Ⅰ 광고(1976)

애플 LISA

영화 〈토이 스토리〉는 픽사가 제작한 최초의 3D 장편 애니메이션이다.(1995)

아이맥(1998)

연구용 컴퓨터 시장을 눈여겨 봐뒀던 잡스는 1985년 넥스트 NeXT를 세워 워크스테이션으로 재기의 발판을 다졌다. 이듬해 그는 루카스필름Lucasfilm의 컴퓨터 그래픽 사업부를 토대로 픽사Pixar를 설립하고, 20년 뒤인 2006년 초기 투자액의 740배나 되는 74억 달러를 받고 디즈니Disney에 회사를 넘겼다. 잡스는 〈토이 스토리〉(1995), 〈몬스터 주식회사〉(2001), 〈니모를 찾아서〉(2003) 같은 컴퓨터 애니메이션을 잇달아 성공시키면서 기술과 예술의 통합을 완성해냈다. 한편 1995년 마이크로소프트가 GUI와 다중 작업Multi-tasking을 지원하는 '윈도우 95'를 발표하자, 잡스가 떠난 뒤 적자를 거듭하던 애플컴퓨터는 윈도우 95에 대응하는 운영체제를 확보하기 위해 1996년 잡스의 넥스트를 인수했다. 다시 애플의 지휘봉을 잡은 잡스는 1998년 본체와 모니터를 통합한 독특한 디자인의 컴퓨터 아이맥iMac을 발표하여 1년 만에 애플컴퓨터를 10억 달러 적자에서 4억 달러 흑자로 바꿔놓았다.

우주에 흔적을 남기는 혁신

컴퓨터는 하드웨어와 소프트웨어와 콘텐츠가 필요하다. 중·대형 컴퓨터 시장은 하드웨어가 주도했지만, 1990년대에 이르러 개인용 컴퓨터에 '윈도'와 '익스플로러'가 깔리자 소프트웨어가 시장을 주도하기 시작했다. 2000년대엔 인터넷과 휴대폰이 보급되면서 주도권이 콘텐츠로 넘어갔다. IBM이 지배하던 컴퓨터 시장이 마이크로소프트로 옮겨 갔다가 구글Google과 페이스북FaceBook으로 권력이 재편된 것이다. 잡스는 하드웨어로 창업해 'Mac OS'와 'NeXTSTEP' 같은 운영체제로 부가가치를 키웠으며, 픽사에서 만든 애니메이션으로 콘텐츠 시장에 돌풍을 일으켰다. 잡스는 하드웨어와 소프트웨어, 콘텐츠를 한 회사가 통합해야 한다고 믿었다.

애플컴퓨터를 되살린 잡스의 관심사는 시스템과 콘텐츠의 통합, 네트워크를 이용한 통합으로 넘어갔다. 가장 대중적인 콘텐츠는 음악이다. 애플은 2001년 휴대용 음악 재생기 '아이팟iPod'과 미디어 플레이어 '아이튠즈iTunes'를 발표하고, 2년 뒤 20만 곡을 보유한 '아이튠즈' 뮤직스토어를 열어 온라인으로 한 곡당 99센트에 판매하기 시작했다. 6일 만에 뮤직 스토어에서 팔린 곡이 무려 100만 곡을 넘어섰다. 음악이 되는데 동영상이나 다른 콘텐츠가 안 될 이유가 없다. 애플은 2007년 모바일 인터넷과 터치스크린 기능을 가진 '아이폰iPhone'을 발표하고 이듬해 온라인 콘텐츠 장터인 '앱 스토어App Store'를 열었다. 누구나 자유롭게 소프트웨어나 콘텐츠를 개발해 앱 스토어에 올려 판매할 수 있는 혁신적인 온라인 시장을 창조한 것이다. 또한 애플은 2010년 '아이패드iPad'를 출시하여 태블릿 컴퓨터 시대를 열기도 했다.

"단순한 것은 복잡한 것보다 어렵다."[66] 잡스는 평생 채식주의자로 지내면서 수도사처럼 검소한 생활을 추구했다. 공식적인 자리에서는 "한 장의 천A Peace Of Cloth"을 추구한 이세이 미야케三宅一生의 스웨터Tuttleneck에, 편하고 질긴 리바이스Levi's의 헐렁한 청바지 '501'과, 편안하게 균형을 잘 잡아주는 깔창인 '아치 서포트Arch

스티브 잡스는 2007년 아이폰을 처음으로 발표했다.

애플 로고

Support'를 가진 뉴발란스New Balance의 운동화 '991'만 고집했다. '정보 기술의 수도사'로 불렸던 잡스는 기술에서도 극도의 절제미에 집착했다. 매킨토시와 아이맥에서는 본체와 모니터를 하나로 합치더니, 아이폰과 아이패드는 아예 키보드까지 통합하고 전원 스위치도 없애버렸다. 사용하지 않으면 저절로 절전 상태로 넘어가고, 아무 버튼이나 누르면 저절로 켜지며, 설명서가 없어도 직관적으로 사용할 수 있도록 만든 것이다. 강력한 최고의 기술을 미니멀리즘으로 구현해낸 것이다.

잡스는 "우주에 흔적을 남길 수 있는"[67] 성과를 원했다. 프로그래밍도 할 줄 모르고 디자인도 할 줄 모르던 그는 '워즈니악의 컴퓨터'가 아니라 '잡스의 컴퓨터'가 필요했고, 조나단 아이브

Jonathan Ive의 작품이 아니라 '잡스의 디자인'이 절실했다. "해군보다는 해적!Pirates! Not the Navy"이 되고 싶었던 그는 "창의력은 연결하는 능력Creativity is connecting things"이라는 걸 일찌감치 깨달았다. 그래서 그는 꾸준히 "기술과 리버럴 아츠의 교차점에 도달하려고 노력"[68]했다. 결국 Think Different는 '다르게 생각하라Think Differently'가 아니라 '다른 것을 생각하라Think Something Different'는 것이다. 다르게 생각하더라도 결과가 같으면 우주에 흔적을 남길 수 없기 때문이다.

68   We've always tried to be at the intersection of technology and the liberal arts.

20

할리데이비슨
Harley Davidson

독수리는
홀로 비상한다

말보다 빠른 자전거

....

1896년 미국 보스턴의 찰스 리버Charles River 경륜장에 72세나 된 노인이 괴상하게 생긴 자전거를 몰고 나타났다. 그는 산탄총, 증기 엔진 등에 들어가는 장치를 고안한 발명가 실베스터 로퍼Sylvester Roper로, 석탄을 때서 달리는 증기 자전거Steam Velocipede를 발명해 경주에 출전하겠다고 나선 것이다. 그는 평균 시속 48km가 넘는 빠른 속도로 젊은 프로 선수들을 앞지르며 관중의 환호 속에 점점 더 속도를 높였다. 2분 남짓 지나 트랙을 세 바퀴째 돌던 순간이었다. 갑자기 자전거가 휘청거리면서 나동그라졌고, 로퍼는 자전거에 깔려 머리에 큰 부상을 입고 즉사했다. 사인은 심장마비였지만 사고가 심장마비를 일으킨 건지, 심장마비로 사고가 일어난 건지는 밝히지 못했다. 어쨌든 당시 최고 속도는 무려 시속 64km였다.

발명가 실베스터 로퍼가 발명한 증기 자전거와 관련 신문 기사

로퍼는 증기 자전거의 안장 아래 두 바퀴 사이에 석탄 아궁이와 작은 보일러를 달아 실린더 하나로 엔진을 움직여 한번에 10km 정도를 달릴 수 있게 제작했다. 무게는 석탄과 냉각수를 포함해 68kg이었고, 엔진은 8마력 정도의 출력을 낼 수 있었다. 로퍼는 '셀프 프로펠러Self Propeller'라 이름 붙인 이 증기 자전거가 "어떠한 언덕도 오를 수 있고 어떤 말보다도 빠르게 달린다고 떠벌리면서 보스턴 항구 부근에 있는 집 근처에서 타고 다녔다. 경찰은 괴상한 자전거를 타고 빠르게 달리는 그를 간신히 붙잡았지만, 어떤 죄를 적용해야 할지 몰라 바로 풀어줄 수밖에 없었다. 로퍼는 1894년에 증기 자전거 두 대를 만들었는데, 한 대는 현재 스미소니언 박물관에 전시되어 있고, 나머지 한 대는 2012년 경매에서 42만 5천 달러에 낙찰됐다.

자전거에 처음으로 엔진을 단 사람은 누구일까? 오토바이를

처음 발명한 사람 말이다. 1861년 프랑스의 피에르 미쇼Pierre Michaux
는 페달을 밟아 앞바퀴를 굴리는 현대적인 형태의 자전거를 개발
하고, '발로 밟아 빠르게 달리는 도구'라는 뜻에서 '벨로시페드
Velocipede'라 불렀다. 미쇼가 자전거에 증기 엔진을 처음으로 달았
던 때가 1867~1869년께로, 로퍼가 증기 자전거를 처음 선보인 시
기와 거의 비슷해 누가 먼저라고 가리기가 어렵다. 만약 로퍼가 첫
오토바이 발명가라는 명예를 안게 된다면, 그는 오토바이로 사고
를 낸 첫 희생자라는 불명예도 떠안게 된다. 증기 엔진이 아닌 가
솔린 엔진을 단 오토바이를 처음 개발한 사람은 독일의 고틀리
프 다임러Gottlieb Daimler와 빌헬름 마이바흐Wilhelm Maybach다. 그들은
1885년 가솔린을 연료로 하는 내연기관을 달고 시속 10km 정도
로 움직이는 '라이트바겐Reitwagen, Riding Car'을 선보였다. 가솔린 엔
진 오토바이가 실제로 거리를 달리기 시작한 것은 20세기로 넘어
가는 1900년 무렵이다.

페달을 밟을 필요가 없는 자전거

....

윌리엄 할리William Harley와 아서 데이비슨Arthur Davidson은 미국 위스
콘신주 밀워키에서 태어나 어릴 때부터 이웃에 살며 학교도 같이
다닌 죽마고우다. 둘은 툭하면 데이비슨의 지하방에 모여 뭔가를
만들어내곤 했다. 1901년 어느 날 아서가 자전거를 타고 낚시하러
갔다 돌아오는 길이었다. 몸이 너무 피곤해 페달 밟는 것조차 귀찮
고 힘들게 느껴졌다. 순간 그의 뇌리에 재밌는 생각이 스쳤다. '힘

월리엄 할리와 아서 데이비슨(1914)

들게 페달을 밟을 필요 없는 자전거를 만들자.'[69] 그는 전기모터 회사에서 도면을 만들던 할리에게 동업을 제안했다. 할리가 설계도를 그렸고, 같은 전기모터 회사에서 목형木型을 뜨던 데이비슨이 지하 방에서 조립을 도왔다. 1902년 아서가 도움을 청하자 정비공이었던 작은형 월터Walter Davidson가 바로 회사를 그만두고 가담했고, 1907년 철도 회사에 다니던 큰형과 아버지까지 끼어들었다. 그 프로젝트가 그렇게 매력적이었던 걸까?

스무 살과 스물한 살 청년 그리고 한 가족이 가담해 만든 첫 번째 오토바이는 자전거에 배기량 116cc짜리 단기통 엔진Single Cylinder을 얹은 단순한 구조였다. 피스톤이 크랭크축을 왕복시켜 지름 10cm의 플라이휠을 돌리면, 플라이휠이 바퀴로 회전력을 전달

69   Take the hard work out of pedaling a bicycle.

하는 원리다. 첫 작품은 평지에서 시속 40km 남짓한 속도밖에 내지 못하는 데다 언덕을 오를 때 출력이 모자라 열심히 페달을 밟아야 했다. 실망이 컸던 그들은 1년 넘게 땀을 쏟았던 첫 작품을 단박에 박살내버렸다. 더 큰 엔진이 필요했다. 크고 튼튼한 프레임을 골라 더 강한 엔진(405cc)과 크기가 큰 플라이휠(지름 25cm, 무게 13kg)을 얹었다. 두 번째로 만든 오토바이는 높이가 3m, 길이가 4.6m에 달해 오토바이라기보다 자동차에 가까웠다. 하지만 그 큰 덩치로 1904년 밀워키 주립공원에서 열린 경주 대회에서 4위를 차지했다.

할리와 데이비슨은 1903년 오토바이 회사 '할리데이비슨'을 설립하고 데이비슨의 차고를 공장 삼아 오토바이 생산에 착수했다. 할리는 설계, 아서는 주형鑄型, Mold, 월터는 정비를 맡아 첫 해에 세 대, 이듬해 네 대를 제작해 전부 팔았다. 첫 모델을 친구 헨리 마이어Henry Meyer가 선뜻 사주자 이듬해 바로 딜러가 나타나 판매를 자처했다. 데이비슨의 아버지가 뒤뜰에 차고를 새로 지어주고 큰형 윌리엄이 가담하면서 회사는 점점 그럴듯한 조직을 갖추게 됐다. 월터가 사장, 아서는 총무와 영업, 할리는 설계와 회계, 윌리엄은 작업반장을 도맡았다. 하지만 창업한 지 얼마 지나지 않아 모아둔 자금을 잃어버리는 바람에 아서가 꿀벌을 치는 삼촌에게 간신히 500달러를 빌리기도 했다. 실제로 벤처캐피털 업계에서는 창업 초기에 조카에게 자본을 대주는 고마운 삼촌을 '꿀 삼촌Honey Uncle'이라 부른다.

엔진의 크기를 가늠하는 배기량은 실린더에 피스톤이 한 번 왕복할 때 흡입하거나 배출하는 가스의 부피를 말한다. 단기통으

조카 아서 데이비슨에게 선뜻 돈을 빌려 준 삼촌 제임스 맥레이의 영수증(1904)

엔진 V-Twin을 장착한 5-D 모델 (1909)

론 배기량을 250~400cc 이상으로는 높일 수 없기 때문에 실린더를 하나 더 달아 2기통으로 배기량을 늘려야 한다. 오토바이의 성능을 높이기 위해 할리데이비슨은 1909년 실린더 두 개를 45도 각도로 기울여 V자 모양으로 연결한 'V-Twin' 엔진을 개발했다. 배기량이 880cc로, 최고 시속 96km에 7마력의 힘을 내는 오토바이를 제조할 수 있게 된 것이다. 이어 안장을 차체에 고정하지 않고 용수철로 지탱하는 Full Floating Seating 방식으로 제작해 운전자의 몸집이나 몸무게에 따라 안장이 편안하게 조정되고 덜컹거리는 충격이 덜하도록 만들었다. 또한 물방울처럼 생긴 연료 탱크Teardrop Gas Tank와 빠르게 정지할 수 있는 앞 브레이크Front Brake를 달아 승차감과 기동성을 보강했다.

할리데이비슨의 성장을 가속한 것은 오토바이의 속도와 성능을 겨루는 각종 경주 대회였다. 할리데이비슨의 첫 대표이사인 월터 데이비슨은 1908년 뉴욕에서 열린 FAMFederation of American Motorcyclists에 직접 레이서로 나서 우승했다. 윌리엄 할리는 이 경기에서 경주용 오토바이의 상태와 성능을 조율하는 레이스 엔지

조 페트랄리(1937)

니어Race Engineer를 맡았다. 1921년 베벌리힐스에서 열린 경주 대회에서 우승한 오토 워커Otto Walker는 할리데이비슨을 타고 평균 시속 100마일(160km)을 넘긴 기록을 처음으로 세웠고, 조 페트랄리Joe Petrali는 할리데이비슨을 타고 1920년대 중반부터 1930년대까지 AMAAmerican Motorcyclist Association가 주최한 여러 대회에서 무려 49번이나 우승하는 위업을 달성하기도 했다.

위기를 돌파한 '팻보이'

두 차례의 세계대전은 할리데이비슨의 성장을 '폭주'하게 만들었다. 미국 육군은 멕시코 혁명(1910~1917)을 일으켜 말을 타고 국경 부근에서 소동을 벌이던 판초 비야Pancho Villa의 혁명군을 토벌하기 위해 1916년 기동성 좋은 오토바이를 할리데이비슨에 긴급 요청했다. 애국심으로 똘똘 뭉친 창업 멤버들은 사이드카Sidecar[70]를 달고 기관총을 얹은 군용 모델을 개발해 '블랙 잭Black Jack'이라 불리던

제1차 세계대전 당시 사용했던 할리데
이비슨의 J 시리즈 모터사이클

영화 〈이지 라이더〉에 등장하는 할리
차퍼

존 퍼싱John Pershing 장군이 혁혁한 전과를 올리는 데 결정적으로 기
여했다. 멕시코 혁명군 토벌로 미국 육군의 신뢰를 얻은 할리데이
비슨은 제1차 세계대전에 2만 대, 제2차 세계대전에 9만 대의 군
용 오토바이를 납품해 연합군의 승리에 일조했다. 특히 독일이 제
2차 세계대전에서 오토바이 부대로 전차 부대를 호위하는 등 오토
바이를 기민하게 활용한 작전을 벌이면서, 할리데이비슨은 여러 격
전지에서 BMW가 이끄는 독일의 군용 오토바이와 치열한 자존심
경쟁을 펼치기도 했다.

　군용 오토바이를 타고 전투장을 누비던 참전 용사들은 전쟁
이 끝나자 중고로 나온 오토바이를 구매해 주행에 필요한 부분만
남기고 나머지 부품을 하나씩 뜯어냈다. 조금이라도 가볍고 빠르
게 달릴 수 있도록 앞뒤 펜더, 방향 지시등, 후미등은 물론 전조등
과 앞 브레이크까지 떼버리거나 갈아 끼웠다. 이렇게 무거운 차체
를 줄인 오토바이를 '바버Bobber'라고 부른다. 말의 긴 꼬리털을 짧

게 쳐낸다는 뜻의 'Bob'에서 유래한 말이다. 비교적 쉬운 작업이라 할 수 있는 바버에 비해 전문 기술이 필요한 오토바이가 바로 '차퍼Chopper'다. 영화 〈이지 라이더〉(1969)에서 피터와 데니스가 타고 다닌 할리 차퍼Harley Chopper는 엔진 덮개가 납작한 팬헤드Panhead 엔진을 장착한 오토바이다. 할리 차퍼는 당시 젊은 세대의 가슴에 반항 문화의 시동을 걸었다. 깎지 않은 수염에 장발을 하고, 헤진 청바지를 걸친 '지옥의 천사Hell's Angels'들. 제멋대로 개조한 오토바이를 타고 시끄러운 엔진 소리를 내며 떼 지어 폭주하는 그들은 "달리기 위해 살고, 살기 위해 달린다."[71]

가장 잘나갈 때가 가장 위험하다고 했던가? 1960년대 들어 누구나 쉽게 탈 수 있는 일본제 소형 오토바이가 시장을 잠식하면서 할리데이비슨은 경영에 어려움을 겪었다. 결국 영화 〈이지 라이더〉가 개봉되던 1969년 할리데이비슨은 AMFAmerican Machine and Foundry에 합병되고 말았다. 장난감 같은 소형 오토바이 제작에 불만이 많던 윌리 데이비슨Willie Davidson과 본 빌스Vaughn Beals는 1981년 할리데이비슨을 사들인 뒤 독립을 선언했다. 당시 하루 타면 6일은 고쳐야 할 정도로 고장이 잦아 'Hardly Ableson무기력한 놈', 'Hardly Driveable몰기 힘든 놈'이라 조롱받던 할리데이비슨은 일본의 기술 제휴나 자본 제휴 제의를 뿌리치고 독자적으로 개발에 착수했다. 그들은 미국을 상징하는 국조인 독수리를 광고에 앞세우기도 했다. "독수리는 홀로 비상한다."[72] 또한 회사 독립 첫해에 미

71   I live to ride. I ride to live. 할리데이비슨의 광고 문구.
72   The Eagle Soars Alone. 할리데이비슨의 광고 문구.

The Hells Angels Motorcycle Club(HAMC) 멤버들은 주로 할리데이비슨 오토바이를 탔다.

영화 〈터미네이터〉에서 '팻 보이'를 타고 달리는 장면(1991)

캡틴 아메리카가 타고 다니는 할리데이비슨

국 펜실베니아에서 위스콘신까지 장거리 랠리를 기획해 열정적인 고객들을 불러 모았다. 임원들도 자신의 몸에 할리데이비슨의 로고Bar & Shield를 문신으로 새기고 랠리에 참가했다. 이때부터 미국 남성들이 문신할 때 가장 선호하는 단어가 'MOM'이고 2위가 'Harley Davidson'일 정도로 할리데이비슨에 '미친' 고객들이 늘어나기 시작했다.

할리데이비슨은 1990년 발표한 '팻보이Fat Boy'로 다시 세계 중형 오토바이 시장의 강자로 복귀했다. 팻보이는 1945년 일본 히로시마와 나가사키에 각각 떨어뜨린 원자폭탄 '팻맨Fat Man'과 '리틀보이Little Boy'의 합성어다. 오토바이 몸체를 폭탄을 실어 나르던 전략폭격기 B-29 느낌이 들도록 만들었다. 혼다와 야마하가 이끄는 일제 오토바이에 대한 노골적인 공격 선언이었다. 아놀드 슈워제네거가 영화 〈터미네이터2: 심판의 날〉(1991)에서 거대한 대형 트럭에

굴하지 않고 위풍당당하게 타고 질주한 오토바이가 바로 팻보이다. 영화 〈어벤저스〉 시리즈에서 캡틴 아메리카가 즐겨 타고 다니는 오토바이도 모두 할리데이비슨이다. 할리데이비슨이 'The Great American Freedom Machine'으로 여겨지는 것이다.

독수리가 홀로 비상하는 이유

....

1960년대 '반항하는 부랑아'로 눈총받던 히피Hippie 세대는 1980년대 이르러 '성공한 젊은 남자'로 부러움을 사는 여피Yuppie[73] 세대로 바뀌었다. 교수, 의사, 변호사 같은 전문직 여피들은 단조로운 일상에서 벗어나 자아를 실현하는 수단으로 할리데이비슨에 탐닉하기 시작했다. 할리데이비슨을 애인이나 아내보다 더 아낀다는 여피들은 건전한 오토바이 문화와 애국심을 강조하며 1983년 HOGHarley Owners Group를 결성했다. 그들은 할리데이비슨이 도로에서 우렁찬 엔진 소리를 내며 다시 포효하게 만들었다. 사실 할리데이비슨은 1920년대부터 'HOG'라 불렸다. 경주 대회에서 우승하면 마스코트인 작은 돼지Hog 한 마리를 안고 트랙을 한 바퀴 돌았기 때문에 할리데이비슨의 레이싱 팀은 'Harley's Hogs'로 불렸던 것이다.

할리데이비슨의 엔진 소리는 정말 특이하다. 한글로 표현하면 '두둥 두둥 두둥 두두두둥' 작은 북을 치는 것 같고, 영어로 표현하면 'POTATO-POTATO-POTATO' 하며 감자가 튀어나오는

73　Young Urban Professionals

호주에서 HOG 멤버 2,500명이 할리데 이비슨을 타고 달리는 모습(2015) | HOG 로고

느낌이다. 할리데이비슨의 심장인 V-Twin만이 낼 수 있는 독특한 소리다. 실린더에서 압축가스가 번갈아 폭발할 때 나는 묘한 엇박 자 소리가 마치 말이 달리는 발굽 소리 같기도 하고, 사람의 심장 박동처럼 두근거리듯 들리기도 한다. 이 진동을 느끼고 있으면 일 상의 브레이크를 풀고 자유로 향하는 가속기를 밟고 싶어진다. 땅 을 두들기는 엔진 소리는 마치 준마駿馬의 발굽 소리처럼 질주 본 능을 자극한다. 거친 진동은 애마愛馬의 맥박처럼 살갑다. 할리데 이비슨은 심장과 영혼을 가진 라이더의 동반자라는 믿음을 준다. 그런 믿음이 있기에 '독수리는 홀로 비상한다'는 당당한 자신감을 드러낼 수 있는 것이다.

종합

- 세계 브랜드 백과, "인터브랜드"
- 토머스 하인 저, 김종식 역,《쇼핑의 유혹》, 세종서적, 2003.
- 조혜덕 저,《명품의 조건》, 아트북스, 2011.
- 이재진 저,《패션과 명품》, 살림, 2004.
- 홍지연 저,《시간이 만든 빛의 유혹》, 수막새, 2006.
- Menaissnace Man 네이버 블로그(http://blog.naver.com/anackne).
- Jeweldic 네이버 블로그(http://jeweldic.com).

루이비통

- 폴-제라르 파졸, Louis Vuitton, 루이비통코리아, 2012.
- MIO 네이버 블로그(http://blog.naver.com/dmsql_0105/220883820632).
- 루이비통 홈페이지(http://us.louisvuitton.com/eng-us/homepage).

- DLF Emporio(http://www.dlf.in/dlf/mailer/dlfemporio/June/louisvuitton.html).
- Encyclopedia, "Louis Vuitton"(http://www.encyclopedia.com/topic/Louis_ Vuitton.aspx).

메르세데스-벤츠

- History.com(http://www.history.com/news/bertha-benz-hits-the-road-125- years-ago).
- Dylan Tweney, "AUG. 12, 1888: ROAD TRIP! BERTA TAKES THE BENZ", Wired, 2008.
- Nebelstern 다음 블로그, "베르타 벤츠"(http://blog.daum.net/ nebelstern1967/1693).
- 다임러 홈페이지(https://www.daimler.com/company/tradition/company- history/).
- 다임러 홈페이지(http://media.daimler.com/).
- 웨어울프 네이버 블로그, "히틀러 슈퍼카 최고 시속 750km 메르 세데스 벤츠 T-80"
- Certified Gists(https://certifiedgists.wordpress.com/2016/09/13/the-history-of- mercedes-benz-you-should-know/).
- anaki Jitchotvisut, "The 25 Coolest Movie Mercedes-Benzes", Complex, 2012.
- 메르세데스-벤츠 홈페이지(http://www.emercedesbenz.com/photos/).
- 메르세데스-벤츠 홈페이지(http://www.mercedes-benz.co.kr).
- 메르세데스-벤츠 홈페이지(http://www.mercedes-benz.com).

스와로브스키

- 고성희, "고성희의 유리이야기", 〈충남일보〉, 2009.
- 문현실 저, 《비즈: 잘먹고 잘사는 법》, 김영사, 2006.
- 스와로브스키 홈페이지(http://www.swarovski.com).
- Making Fashion Sparkle, 2008.[74]
- Jet Aviation Magazine(http://www.jetaviation.com/sites/default/files/ Outlook_02_2008_web.pdf), 2008.

페라가모

- 살바토레 페라가모 저, 안진환 허형은 역, 《꿈을 꾸는 구두장이》, 웅진닷컴, 2004.
- 로리 롤러 저, 임자경 역, 《신발의 역사》, 이지북, 2002.
- 김지룡 갈릴레오 SNC 저, 《사물의 민낯》, 애플북스, 2012.
- 살바토레 페라가모 홈페이지(http://www.ferragamo.com).
- 살바토레 페라가모 박물관 홈페이지(http://www.museoferragamo.it/en).
- Copy of Salvatore Ferragamo-An Exploration of Inspirations(https:// prezi.com/vixxsudmhmc7/copy-of-salvatore-ferragamo-an-exploration-of- inspirations/).

BMW

- David Kiley, 《Driven: Inside BMW, the Most Admired Car Company in the World》, John Wiley&Sons, 2004.
- BMW Magazine(http://www.bmwmagazine.com/int/en).

---

74 2015년 2월 접속. 현재는 삭제된 사이트입니다.

- Auto Gear(http://www.autogear.co.kr/xe/board_bjfW68/114776).

- Wings of Fury 네이버 블로그(http://elecfield.blog.me/80189576887).

- 쿵디담의 다람쥐우리 네이버 블로그, "1차 대전 최고의 독일 전투기 Fokker D. Ⅶ"(http://blog.naver.com/naljava69/60155084044).

- Horseless Carriage 네이버 블로그(http://blog.naver.com/keksori/220324125143).

- The Assassin Gustav 네이버 블로그, "증강판 BMW의 항공역사 이야기"(http://blog.naver.com/dornier335/30153051505).

- BMW 홈페이지(http://www.bmw.com).

바쉐론 콘스탄틴

- 정희경 저, 《시계 이야기》, 그책, 2011.

- 카를로 마리아 치폴라 저, 최파일 역, 《시계와 문명》, 미지북스, 2013.

- Joe Thompson, 《The World of Jean-Marc Vacheron》, Watch Times, 2007.

- 바쉐론 콘스탄틴 홈페이지(http://www.vacheron-constantin.com/en/home.html).

뱅앤올룹슨

- 노승림, "발뼈는 가수에 보드카 먹여 녹음", 노승림의 무대 X파일, 〈한겨레〉, 2005(http://www.hani.co.kr/arti/culture/music/87715.html).

- Sound of the Hound, "The invention of the modern music star in a hotel bedroom in Milan", 2011.

- 進省堂居士의 跲緣齋 이글루스 블로그, "Enrico Caruso - Vesti la

Giubba from I Pagliacci"(http://egloos.zum.com/veritasest/v/1869800).

- 태하사운드 네이버 블로그(http://blog.naver.com/rokmc277/ 220639116628).
- Funding Universe, "Bang & Olufsen Holding A/S History"(http:// www.fundinguniverse.com/company-histories/bang-olufsen-holding-a-s- history/).
- fiack 네이버 블로그, "BEOLIT 39 베오릿 39 라디오!"(http://blog. naver.com/fjack/130180033377).
- wh1905 네이버 블로그(http://blog.naver.com/wh1905).
- 백창석, 〈장수기업 뱅앤올룹슨〉, 삼성경제연구소, 2006.
- Jakob Krause-Jensen, 《Flexible Firm: The Design of Culture at Bang & Olufsen》, Berghahn, 2010.
- 뱅앤올룹슨 블로그(http://blog.naver.com/enjoybno).
- 뱅앤올룹슨 블로그(http://bang-olufsen-blog.com).
- BEOWORLD(https://www.beoworld.org/).

샤넬

- Edmonde Charles-Roux, 《The World of Coco Chanel》, Thames&Hudson, 2005.
- 앙리 지델 저, 이원희 역,《코코 샤넬》, 작가정신, 2002.
- 샤넬 홈페이지(http://www.chanel.com).

알레시

- alman68 네이버 블로그, "알루미늄의 역사"(http://aluman.co.kr/ 120123074755).

- Karl Smallwood, 〈When aluminium cost more than gold〉, Today I found out, 2014(http://www.todayifoundout.com/index.php/2014/05/aluminium-cost-gold/).
- ernando G. Alberti, 《Entrepreneurial Growth in Industrial Districts: Four Italian Cases》, Edward Elgar Publishing, 2008.
- Alberto Alessi, The history of Alessi 1921-2014 and the phenomenon of Italian design factories, 24th International BIENNALE INTERIEUR, 2014.
- 알레시 홈페이지(http://www.alessi.com).

에르메스

- Laura Jacobs, "From Herm s to Eternity", 〈Vanity Fair〉, 2007.
- Vanityfair(http://www.vanityfair.com/news/2007/09/hermes200709).
- 에르메스 홈페이지(http://www.hermes.com).

구찌

- Historic Hotels of the World, "1889 The Savoy London"(http://www.historichotelsthenandnow.com/savoylondon.html).
- Tranuvo 네이버 블로그, "The Savoy London 런던 아방가르드의 부활", 2010(http://blog.naver.com/daeseonsa/114924657).
- EYEINFORM, "Guccio Gucci, a Man Behind Famous GG. Biography and Label History", 2011(https://eyeinform.wordpress.com/2011/11/22/guccio-gucci-a-man-behind-famous-gg-biography-and-label-history/).
- MIO 네이버 블로그, "구찌오 구찌에서 톰 포드, 프리다지아니니

까지", 2017(http://blog.naver.com/dmsql_0105/220901378674).

- 군주오빠 네이버 블로그(http://blog.naver.com/singeryong/90145646162).
- Reference For Business, "History of Guccio Gucci, S.p.A."(http://www.referenceforbusiness.com/history2/21/Guccio-Gucci-S-p-A.html)
- Patricia Gucci, 《In the Name of Gucci: A Memoir》, Crown Archetype, 2016.
- FMD, "GUCCIO GUCCI"(http://www.fashionmodeldirectory.com/designers/guccio-gucci/).
- 구찌 박물관 홈페이지(http://www.guccimuseo.com/en/).
- 구찌 홈페이지(http://www.gucci.com/kr/home).

버버리

- Sven Raphael Schneider, "Trench Coat Guide", Gentleman's Gazette, 2015.
- Beau Riffenburgh, 《Encyclopedia of the Antarctic》, Routledge, 2007.
- 김민자, "트렌치 코트", 네이버캐스트, 2011.
- 버버리 홈페이지(http://www.burberry.com).

웨지우드

- 손세원, "유럽 도자기 이야기", 〈교포신문〉, 2014.
- 정은희 저, 《홍차 이야기》, 살림, 2007.
- 낸시 F. 코엔 저, 브랜드앤컴퍼니 역, 《Brand Masters》, 세종서적, 2003.
- 이아람, 〈Wedgwood社의 디자인 브랜드 차별화 전략에 관한 연구〉, 한성대학교, 2006.

- David Oakey, Celebratory Ceramics: A Royal History, English Ceramics Circle Transactions(https://www.englishceramiccircle.org.uk/), 2012.
- Judith Flanders, "They Broke It." 〈New York Times〉, 2009.
- 메이필드 포슬린 네이버 블로그(http://blog.naver.com/sevenhills03).
- 웨지우드 홈페이지(http://www.wedgewood.com).
- 웨지우드 뮤지엄(http://www.wedgwoodmuseum.org.uk/home).

티파니

- 윤성원 저, 《보석, 세상을 유혹하다》, 시그마북스, 2015.
- 김호정, 〈루이스 컴포트 티파니의 예술과 아메리카니즘〉, 서양미술사학회, 2011.
- 티파니 홈페이지(http://www.tiffany.com).

프라다

- Dana Thomas, 《Deluxe: How Luxury Lost Its Luster》, The Penguin Press, 2007.
- Craftn Leather 네이버 블로그(http://blog.naver.com/craftn).
- Lazy Farmers 네이버 블로그(http://blog.naver.com/lazy_farmers).
- 단초의 옷 만들기 다음 블로그(http://blog.daum.net/dancho).
- ATKO PLANNING 네이버 블로그(http://blog.naver.com/atkoleather).
- Takus 네이버 블로그(http://blog.naver.com/takus2014).
- 헤비츠 네이버 블로그(http://blog.naver.com/smilehevitz).
- Shoes Fever 네이버 블로그(http://blog.naver.com/dyk_love333).
- Fobsession, "Saffiano Leather: Definition, properties and cleaning",

2015.

- THE HANDBAG SPA, "What Is Saffiano Leather and How Do I Protect It?"

- Blue Galaxy 네이버 블로그(http://blog.naver.com/juyeonbang/100156278339).

- 프로황 네이버 블로그, "프라다의 브랜드 에쿼티"(http://blog.naver.com/ecteacher/50035504170).

- 이예영, "미우치아 프라다", 네이버캐스트, 2012.

- 프라다 홈페이지(http://www.pradagroup.com/en/group/history).

겔랑

- 장 폴 겔랑 저, 강주헌 역, 《향수의 여정》, 효형출판, 2005.
- 송인갑 저, 《향수》, 한길사, 2004.
- 김희진, "향기는 젖지 않는다.", W Korea, 2013년 9월호.
- 라임로즈 네이버 블로그(http://limerose.kr).
- 겔랑 홈페이지(http://www.guerlain.com, http://www.monsieur-guerlain.com).

까르띠에

- Jewelpedia(http://www.jewelpedia.net/the-history-of-platinum/).
- Donald McDonald, Leslie B. Hunt, 《A History of Platinum and its Allied Metals》, Johnson Matthey Plc, 1982.
- Hans Nadelhoffer, 《Cartier》, Thames&Hudson, 2007.
- 김홍기, 스타일의 힘, 까르띠에를 위한 송가, BRUT, 2011.[75]

---

75   2014년 10월경 접속. 현재는 삭제된 사이트입니다.

- 까르띠에 홈페이지(http://www.catier.co.kr).
- The Art of Cartier 네이버 블로그(http://blog.naver.com/artofcartier).
- The Coincidental Dandy (http://thecoincidentaldandy.blogspot.kr/2011/04/jeanne-toussaint-cartiers-formidable.html).

시세이도

- Samuel L. Leiter, 《Historical Dictionary of Japanese Traditional Theatre》, Scarecrow Press, 2006.
- Kazuo Usui, 《Marketing and Consumption in Modern Japan》, Routledge, 2016.
- Denise Kenyon-Rouvinez, 《Sharing Wisdom Building Values》, Palgrave MacMillian, 2011.
- Yozo Hasegawa, 《Rediscovering Japanese Business Leadership》, John Wiley&Sons, 2010.
- Gennifer Weisenfeld, "Selling Shiseido", MIT Visualizing Cultures, 2015.
- 나가노 신이치로 저, 김창남 역, 《세계를 움직이는 기업가에게서 경영을 배운다》, 더난출판사, 2005.
- 전영식 저, 《마케팅의 꽃 세계의 10대 화장품 회사》, 키메이커, 2015.
- 시세이도 홈페이지(http://www.shiseido.com, http://www.shiseidogroup.com).

애플

- 매트 메이슨 저, 최지아 역, 《디지털 해적들의 상상력이 돈을 만든다》, 살림Biz, 2009.

- atariarchives.org, "HOMEBREW AND HOW THE APPLE CAME TO BE"(http://www.atariarchives.org/deli/homebrew_and_how_the_apple.php).
- 멀티라이터 네이버 블로그, "컴퓨터의 탄생 비하인드 스토리", 2016(http://blog.naver.com/creativenerd/220686075468).
- 월터 아이작슨 저, 안진환 역,《스티브 잡스》, 민음사, 2011.
- 애플 홈페이지(http://www.apple.com).

할리 데이비슨

- Chris Slack, "The steam-bike: Antique motorcycle expected to break world record price at auction", DailyMail, 2011.
- Ed Youngblood,《The Heros of Harley-Davison》, MotorBooks International, 2003.
- Jean Davidson,《Harley-Davidson Family Album》, Voyageur Press, 2003.
- American National Biography, "Harley, William S."(http://www.anb.org/articles/07/07-00838.html).
- 할리데이비슨 홈페이지(http://www.harley-davidson.com).
- 할리데이비슨 뮤지엄(http://www.harley-davidson.com/content/h-d/en_US/home/museum.html).